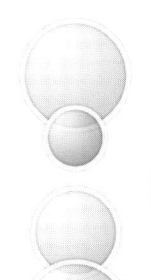

だれもがプレイの楽しさを
味わうことのできる

ボール運動・
球技の授業づくり

鈴木直樹・鈴木　理・土田了輔・廣瀬勝弘・松本大輔　著

教育出版

はじめに

　ボール運動・球技[注]は，多くの子どもたちが大好きな単元です。実際，大学の講義の中で，学生に体育の授業で好きだった運動領域について回想・回答を求めたところ，ボール運動・球技が70％から80％を占めました。確かに，休み時間の校庭をのぞいてみても，ボールを使って運動遊びに興じる子どもたちは多く，ボール運動・球技は，とりわけ人気があるといってもよいでしょう。私自身，小学校で教員経験があり，子どもたちから「ボール運動がしたい」と訴えかけられたり，ボール運動の授業の予告をすると大きな歓声が上がったりすることを経験したりする中で，ボール運動・球技に対する肯定的な態度を経験的に感じてきました。

　しかし，体育の授業において，ボール運動・球技の学びを保障することができているかということにはいささか疑問を感じます。それは，ボール運動・球技の授業を鳥瞰してみると，公式だといわれるゲームに近づけるようにしてサッカーやバスケットボールなどのルールを与えて，ゲームをやらせて終わっていたり，当該種目に必要な技術を学習内容として提示して，それを獲得していく練習をして，その確認の場としてゲームが設定されていたりするなど，種目を学ぶという観点からの授業づくりが少なくないからです。このような授業では，一部の子どもたちだけでゲームが進められたり，競争の勝ち負けにとらわれたりして，学びにおける変化の把握（自己理解・自己評価）を難しくしてしまっているようにも感じます。このように，ボール運動・球技の当該ゲームに固有の面白さに「誰も」が触れることができているか疑わしい授業を多々見受けます。「誰もがプレイの楽しさに触れることなんてできるはずがない」という思いをもっている方々もいらっしゃるのではないでしょうか？　技能の高い子が技能の低い子に気を遣って我慢をし，技能の低い子がミスをしないか心配をしながらゲームを行うことが自明であることを受け入れてはいないでしょうか？　しかし，私たちはそのように考えてはいません。ゲームに参加する子どもたちが競争目的を共有し，その中で差異を受け入れつつ，発揮できるアクティビティの創造ができると考えています。それを伝えることは本書の大きな目的でもあります。

ところで，平成20年に改訂された学習指導要領では，「運動種目」（バスケットボール，サッカーなど）での種目優先の学習内容の提示から，「○○型」（ゴール型，ネット型，ベースボール型）といった内容優先の学習内容の提示がなされました。これは，「種目で種目を教える」という立場に立っていたことから，「教材（種目）で内容を教える」という立場への大きな転換であると考えてよいと思います。すなわち，「どうやって種目を教えるか？」という指導の視点から「学習内容に触れさせるために，どんな教材（種目）を提示するか？」という指導の視点をもたなければならないことになります。これは先にあげたアクティビティの創造です。今次の学習指導要領の改訂は，このようにボール運動・球技の学びをより豊かにしていくための大きなきっかけを与えてくれるように感じています。

　そのため，この変化は，私たちにとっては大変素晴らしいものであると思います。それは，「誰もがプレイの楽しさを味わうことのできるボール運動・球技の授業づくり」につながる契機になると思うからです。これまでのように種目依存型の授業では，それらが「構造的に有する技術を最低限身に付けていなければ楽しむことができない」という前提が生まれやすかったのではないでしょうか？

　一方で，内容優先に立つ場合，「いま・ここ」の子どもたちが，ゲームに参加し，その参加の仕方を変化させていくということになります。これを集団的実践ということから考えれば，ゲームの中での「貢献」の仕方の変化ということになり，流行している言葉で言い換えれば，「戦術」とも置き換えることができると思います。したがって，「戦術学習」とも捉えることが可能です。そして，このような私たちが主張するゲーム構造論に基づく「戦術学習」を導入した授業づくりが，「誰もがプレイの楽しさを味わうことのできるボール運動・球技」につながると信じています。

著者代表　鈴木直樹

注）「ボール運動」は小学校高学年，「球技」は中学校・高等学校の運動領域名として示されていますが，本書で表記する「ボール運動・球技」には，小学校低・中学年の「ボールゲーム」の内容を含めています。

本書の構成と活用の仕方

　本書は大きく三つのパートから構成されています。
　第1部「ボール運動・球技　Q&A」では，ボール運動・球技の授業に関してよく話題に上る15の代表的な問いをピックアップし，Q&A形式で解説を加えています。ボール運動・球技の授業をどのようにデザインし実施すればよいのか，また授業運営にあたってどのようなところを工夫したり留意したりすればよいのかなど，現場を預かる教師の目の前にはさまざまな問題が待ち受けています。だからといって，それら諸問題に対して単に「こうすればよい」というハウツーを用意したところで，根本的な解決にはなりません。なぜなら，体育授業で探究すべき「よいゲーム」は，「いま・ここ」のゲーム参加者（児童生徒）たちがボールを媒体として競い合うという具体的な情況，すなわち「人と人の間」に立ち現われるものであって，唯一のかたちに定型化することはできないからです。それゆえ，一人ひとり顔と名前をもった参加者たちが「いま・ここ」で行う競い合いにはどのような特徴が認められるのかという「ゲームの傾向」を的確に捉えるとともに，それに適合した「対策」を打ち出すことが，ボール運動・球技の授業で「有意味な経験」を保障するためには欠かせません。本書であげたQ&Aは，このような発想でボール運動・球技の授業を捉え直していくための手がかりを提供しています。
　第2部「授業づくり論」では，ゲームの仕組みを念頭に置きながら，授業の計画・実施・評価を進めるための基礎理論をなるべく平易な言葉で解説しています。本書を貫いている「ゲーム構造論」の考え方を理解することにより，実際に行われるさまざまなゲームを目にしたとき，そのゲームの参加者たちが「いま・ここ」でどのような「気づき」を得ているのか，ということに寄り添いながら指導・支援に当たることができるようになります。また，「いま・ここ」のゲームがこれからどのように発展していくのかを見通すこともできるでしょう。
　第3部「授業実践事例」では，本書の考え方にそって実施された授業実践を

紹介しています。いずれの授業も，授業者がゲームの仕組みを的確に捉え，周到な教材づくりと適切な介入を行うことによって，ゲームの「傾向と対策」のサイクルがうまく稼働している様子が描かれています。もちろん，授業は歴史的一回性の中に営まれるものであり，同じ授業は二つとしてありませんが，ゲームの様子を観察するときの「ものの見方（パースペクティブ）」には普遍性があります。その意味で，個々の実践事例は読者の皆さんがボール運動・球技の授業をデザインする際の参照事項として，大きな貢献を果たすでしょう。

　以上の各パートは，もちろん相互に深く関連していますが，本書を活用するにあたっては，どこから読み始めても差し支えありません。Q&Aで「問いの問い直し」を図るもよし，「ゲーム構造論」に触れ「ゲームをする」から「ゲームについて考える」へと立ち位置を変えてみるのもよし，あるいは，授業実践事例に「なぞらえ」て自らの授業を構想・展望するのもよいでしょう。読者諸兄のニーズや興味・関心に応じて自分流の活用法を見出していただくことが，筆者一同にとってこの上ない喜びです。　　　　　　　　　　　　（鈴木　理）

目 次

はじめに ——————————————————————— ii

本書の構成と活用の仕方 ———————————————— iv

第1部　ボール運動・球技 Q&A

Q1 ボール運動・球技の内容が「○○型（ゲーム）」と
学習指導要領に示された理由を教えてください。——————— 2

Q2 ゴール型（ゲーム），ネット型（ゲーム），ベースボール型（ゲーム）の
教材づくりの進め方について教えてください。———————— 4

Q3 ターゲット型（的あて）のゲームという言葉を耳にしますが，
具体的なイメージをもつことができません。
授業にどのように取り入れていけばよいか教えてください。——— 7

Q4 学習指導要領のゴール型（ゲーム）の例示に
陣取り型のゲームとして紹介されている
「タグラグビー」と「フラッグフットボール」の違いを教えてください。— 8

Q5 ボール運動・球技の授業で
「タグラグビー」や「フラッグフットボール」が
盛んに実践されるようになった理由を教えてください。————— 11

Q6 ボール運動・球技の指導法にはどのようなものがあるか教えてください。— 13

Q7 ボール運動・球技のカリキュラムづくりのポイントを教えてください。—— 16

Q8 ボール運動・球技のチーム編成上の留意点を教えてください。———— 19

Q9 ボール運動・球技の評価のポイントを教えてください。————— 20

Q10 子どもたちがボールゲームに取り組んでいるときに，
教師はどのように指導を進めればよいか教えてください。 ——— 23

Q11 ボール運動・球技で子どもたちの技能差が大きくても，
全員が活き活きとプレイできるようにする工夫について教えてください。— 25

Q12 ボール運動・球技の学習集団編成は，
男女別と男女混合ではどちらが適しているか，教えてください。——— 27

Q13 ドッジボールで，逃げてばかりいてボールを扱うことの少ない子どもの
指導について教えてください。 ——— 29

Q14 ソフトバレーボールで，ラリーが続かず盛り上がりません。
どのように指導したらよいか教えてください。 ——— 33

Q15 ベースボール型（ゲーム）の授業で，子どもの運動量を高めるための
指導の工夫について教えてください。 ——— 36

1 学習指導要領におけるボール運動・球技の内容の変遷（小学校・中学校） 6
2 ラグビーについて　10
3 アメリカンフットボールについて　12
4 指導モデルとは？　15
5 カリキュラムとは？　18
6 学習評価とは？　22
7 教師の四大行動について　24
8 競争（compete）について考える　26
9 「技術」「技能」「パフォーマンス」の用語の違い　28
10 「戦略」「戦術」「作戦」の用語の違い　30
11 運動能力と発育・発達について　32
12 バレーボールのネットの高さ　35
13 プレイ論　38

第2部　授業づくり論

1　ボール運動・球技の授業づくりの転換 ─────────────── 40
2　ボール運動・球技では何を学ぶのか？ ────────────── 55
3　ボール運動・球技の授業はどのように展開されるのか？（展開構成論）── 68
4　ボール運動・球技の学習評価 ────────────────── 80

第3部　授業実践事例

◎実践事例：1　ゴール型のゲーム（作戦の効果を実感できるバスケットボール風ゲーム）── 98
◎実践事例：2　ベースボール型のゲーム（走者と守備の対決場面に焦点を当てた
　　　　　　　ハンドベースボール）──────────────────── 107
◎実践事例：3　ゴール型のゲーム（転がし突破型ゲーム「マイドリームゲームを創りながら
　　　　　　　みんなで楽しもう！」）─────────────────── 117
◎実践事例：4　ネット型のゲーム（ソフトバレーボール「ラリーを中断させるゲームを
　　　　　　　競い合って楽しもう！」）────────────────── 128

索　　引 ───────────────────────────── 138
あとがき ───────────────────────────── 140

第1部

ボール運動・球技 Q&A

ボール運動・球技の内容が「○○型（ゲーム）」と学習指導要領に示された理由を教えてください。

Answer

> 限られた体育の授業時数の中で多くの球技種目を取り扱うことはできないので，攻め方や守り方の特徴が似通った種目を取りまとめ，そのグループを代表する種目を設定して指導する，という考え方に立っているからです。

〈解説〉

　平成10年の学習指導要領の改訂では，第3・第4学年の「ゲーム」領域の内容の示し方が大きく変更されました。それまでは，例えば「ラインサッカー」や「ポートボール」のように具体的な運動種目名があげられていたのですが，改訂後は「サッカー型ゲーム」「バスケットボール型ゲーム」「ベースボール型ゲーム」「バレーボール型ゲーム」という具合に，そのゲームが属するグループ名で示されるようになりました。さらに平成20年の改訂では，第5・第6学年も含めて「ゴール型」「ネット型」「ベースボール型」と表記されるようになりました。

　実は，この変更には，ボール運動・球技の指導に関する国際的な研究動向が大きく影響しているのです。ボールゲームは今も昔も世界のさまざまな国や地域で楽しまれており，その種類はおびただしい数に上ります。そのうち国際ルール等で制度化され，私たちが見たり聞いたり，あるいは実際にプレイしたことのあるゲームに限定しても，実に多くの種目を数えることができるでしょう。当然ながら，それらすべてを体育の授業で取り上げることはできません。そこで，似通った特徴をもったいくつかの種目を取りまとめ，そのグループを代表する種目を設定して指導する，という基本的な考え方に立つことになります。ここで重要なことは，どんな分類・選択基準でグループ分けを行うのか，という問題です。過去をさかのぼると，ボール操作方法の違い（手，足，道具を使う等々）やコート（ゴール）の形状の違いに着目した分類論が見られますが，

ゴール型

ベースボール型　　ネット型

　最近では，それらとは異なる立場が優勢になってきました。
　例えば，バスケットボールでパスを出したり受けたりするための有効な位置取りについて学習したプレイヤーであれば，その能力（戦術的気づき）をサッカーのゲームでも大いに活用（理解の転移）することができるでしょう。このように，実際のゲーム中にプレイヤーが直面するさまざまな情況に関連づけられた技術や知識を重視し，「ボールを持たない動き」と「ボールを操作する技能」からなる「ゲームパフォーマンス」を高めることをめざす「戦術アプローチ」という考え方が，近年，国際的な支持を集めています。
　このような立場からボール運動・球技の指導を進めるためには，ゲーム中の攻め方や守り方，すなわち戦術的行動の特徴を手がかりとする球技分類論がベースになります。実際，わが国の学習指導要領にも，こうした国際的な研究知見が反映され，冒頭に触れたように，平成10年には「〇〇型ゲーム」が登場

しました。その呼び名からは，サッカーやバスケットボールといった「種目を教える」のではなく，むしろそのような「型」のゲームに通底する「学習内容を教える」ことが大切なのだ，という意図を読み取ることができます。さらに，今回の改訂で種目名の色合いがいっそう薄くなったことは，各々のゲーム（型）で教えようとする学習内容を鮮明に描き出すことがこれまで以上に強く求められるようになったことを示唆しています。

(鈴木　理)

 ゴール型（ゲーム），ネット型（ゲーム），ベースボール型（ゲーム）の教材づくりの進め方について教えてください。

Answer

> 「○○パス」や「△△キック」など，特定の名前がついて一般的に認知されている「競争の行い方」を習得することに先立って，まずは各々のゲームが「相手チームと何を競い合うゲームなのか」を押さえることが大切です。次に，その競い合いで優位に立つために「今，自分たちがもっている力でできること」を工夫していくとよいでしょう。

〈解説〉

　ゴール，ネット，ベースボールという名前を聞くと，サッカーやバスケットボール，バレーボール（ソフトバレーボール），あるいは野球（ソフトボール）といった種目（ゲームが行われている情景）のイメージが呼び起こされるかもしれません。しかし，前項で触れたように，学習指導要領では「種目」ではなく「学習内容」の習得に重きを置くことを示すために，「○○型」という表記法が採られています。したがって，授業の計画・実施にあたっては，それぞれの「型」を際立たせている「攻め方や守り方の特徴」に根ざした教材を用意するとともに，学習内容へのアプローチを促す言葉かけを行うことが求められます。

　「ゴール型」の特徴は，確保したボールを特定の場所（ゴールやエリアなど）

に移動させることをめぐって，二つのチームが攻防を展開することです。ボール移動の最終場面ではシュートが行われるので，あたかも「シュートゲーム」であるかのような印象を抱きがちですが，むしろいかにしてシュート場面をつくり出すかが，このタイプのゲームの重要なカギを握っているのです。すなわち，「高確率でシュートがねらえる場所を（ボールを保持して）占有すること」に向けてチームで工夫を重ねていくこと（戦術的理解と技能習得・習熟）が，「ゴール型」の中核的な学習内容として位置づけられるでしょう。英語圏でこのタイプのゲームが「インベージョン（侵入）ゲーム」と呼ばれる所以です。

　「ネット型」も同様に「目的地（相手方のコート面）へのボール移動」をめざすゲームですが，ネットなどの物理的な境界によって，相手方コートへのプレイヤーの侵入は制限されます。そこで，ネット越しに相手方コートを陥れるためには，ボールを確保（防御）した後，自コートの最前線付近からボールを送り込むこと（攻撃）が有効となります。すなわち，複数回の触球の中で「防御から攻撃への転化＝攻撃の組み立てを図ること」が，「ネット型」の中核的な学習内容として浮かび上がってきます。したがって，学習指導の流れは，「ラリーの発生・継続」から「ラリーの意図的な中断」へと発展していくことになるでしょう。

　「ベースボール型」は，先の二つのタイプとは異なり，進塁，すなわち「プレイヤーが目的地に移動すること」をめぐる競争が行われる点が大きな特徴です。つまり，このタイプのゲームの面白さの源泉は，「次の塁に進もうとするランナー（攻撃）と，それを阻止しようとする守備との競争」にあると考えられます。もちろん，一般的な野球やソフトボールのゲームでは，進塁を始める前に，バッターは打撃に成功（打球をフェアグラウンドに接地させる）して「バッター→ランナーになる」という手続きを踏まねばなりません。しかし，打撃には一定の困難が伴うので，子どもの様態に応じて難易度を調整することが必要です。また，「進塁とその阻止」の場面においても，判断の複雑さを軽減するなど，ルール設定やゲーム運営上の配慮が大切です。

（鈴木　理）

学習指導要領におけるボール運動・球技の内容の変遷（小学校・中学校）

　小学校学習指導要領におけるボール運動の内容の変遷について簡単に見ていくこととします。特に平成元年の改訂から平成10年，平成20年の改訂についてです。この3回の改訂によって「ゲーム・ボール運動」領域の内容の示し方が変わりました。

　平成元年改訂の学習指導要領における第3学年及び第4学年の「ゲーム」領域は，「a　ポートボール」「b　ラインサッカー」「c　ハンドベースボール」によって構成されていました。さらに第5学年・第6学年の「ボール運動」領域では「ア　バスケットボール」「イ　サッカー」が内容として構成されています。「ゲーム」領域では三つの種目名が，「ボール運動」領域では2種目が内容として示されていることがわかります。平成10年改訂の学習指導要領においては，第3学年及び第4学年の「ゲーム」領域が「ア　バスケットボール型ゲーム」「イ　サッカー型ゲーム」「ウ　ベースボール型ゲーム」として構成され，"○○型ゲーム"となりました。第5学年及び第6学年では平成元年に引き続き「ア　バスケットボール」「イ　サッカー」が示されていますが，それに加え「ウ　ソフトボール又はソフトバレーボール」が示されました。

　平成20年の改訂においては，第3学年及び第4学年の「ゲーム」領域では「ア　ゴール型ゲーム」「イ　ネット型ゲーム」「ウ　ベースボール型ゲーム」から構成されています。平成10年の学習指導要領の「ゲーム」領域の示し方から，さらに種目名が消えたことが理解できます。また，第5学年及び第6学年の「ボール運動」領域は「ア　ゴール型」「イ　ネット型」「ウ　ベースボール型」から構成されました。改訂が行われるたびに種目名が示されなくなっていることが理解できます。

　中学校学習指導要領においても，小学校とのつながりが意識され，「球技」領域はこれまでの「ア　バスケットボール又はハンドボール」「イ　サッカー」「ウ　バレーボール」「エ　テニス，卓球又はバトミントン」「オ　ソフトボール」から「(1)ゴール型」「(2)ネット型」「(3)ベースボール型」となり，種目名が示されていないことが理解できます。

　小学校・中学校ともに種目名が明示されずに「○○型ゲーム」へと内容の示し方が変わっていったことがうかがえます。

（松本大輔）

Q3 ターゲット型（的あて）のゲームという言葉を耳にしますが、具体的なイメージをもつことができません。授業にどのように取り入れていけばよいか教えてください。

Answer

ボールを投げたり蹴ったりするなどして送り出し、的にあてたり入れたりすることを課題とするゲームです。

〈解説〉

　一般に、ある行為がゲームとして成立するためには、「やってみなければ結果はどうなるかわからない」とか「いつもうまくいくとは限らない」など、「結果が未確定であること」が必須条件となります。このことはボールゲームにも該当します。そして、結果の未確定性を生み出し維持するための仕組みの違いによって、ボールゲームはいくつかのタイプに識別されます。その中の一つである「ターゲット型」についてもう少し詳しくみていくことにしましょう。

　ターゲットとは、例えばゴルフのグリーン上に開けられたホール、ボウリングのピン、運動会で行う玉入れ競争の籠など、いわゆる「的」のことです。そうした的に向かってボールをあてたり入れたりすることを中核とするゲームを総称して「ターゲット型」と呼んでいます。体育の授業では、壁面の目印、カラーコーン、ダンボール箱などを的にしてボールをあてるゲームが、低・中学年で多くとり上げられます。「投げる」「蹴る」といったボール操作の技能練習はとかく単調になりがちですが、ゲーム化した教材として提供することによって、子どもたちの学習意欲を高めることができるでしょう。

　ところで「ターゲット型」では、「的に向かって送り出すボールを正確にコントロールすることの難し

「的あて・的入れ」を課題とするゲーム

さ」が結果の未確定性をもたらします。「うまくいかない」ことは，ディフェンスに厳しくマークされたからではなく，自分の技量の問題です。

　これに対し，体育の授業では，的あて（入れ）をしようとする者に対して防御者を置き，「マークをかわしてシュートしよう」といった課題を設定してゲームを行うことがあります。この場合，結果の未確定性は「ボール操作の難しさ」というよりは，「ディフェンスの防御行動」によって発生すると考えられるので，厳密には「的あて（入れ）」ではなく「ディフェンスの突破」を課題とするゲームと位置づけられます。このタイプのゲームは子どもたちにも人気が高いのですが，低学年段階では，ディフェンスとの競争（かわして投げる・蹴る）に焦点化する前に，まずはねらった的に向けてボールを正確にコントロールする技能の習得・習熟を図るべきでしょう。このように「ボールとの関係」づくりを丁寧に行ったうえで，「仲間との関係」や「相手チームとの関係」へと視野を広げていくことは，指導を円滑に進めるための重要なポイントです。

　なお，的あて（入れ）は自分と的との関係で成立するので，原理的には相手（チーム）との対戦（直接的競争）にはなりません。しかし，教材を工夫して，個人またはチームで挑戦した的あて（入れ）の結果（得点）を他チームと比べる，という具合に「間接的競争」として構成すれば，子どもたちが意欲的に取り組むことのできるゲーム教材となります。　　　　　　　　　（鈴木　理）

学習指導要領のゴール型（ゲーム）の例示に陣取り型のゲームとして紹介されている「タグラグビー」と「フラッグフットボール」の違いを教えてください。

Answer

相手ゴールエリアへの「ボールの進め方」に違いがあると考えられます。

〈解説〉

　Q5（p.11）で提示するとおり，ゲーム・ボール運動領域のカリキュラムを

円滑につなぐための役割を担うゲームとなるであろう「タグラグビー」「フラッグフットボール」は，共に〔突破〕が課題の基盤となるゲームであるといえます。同じ課題を有する二つの種目の違いを，攻撃に焦点を当て，相手ゴールエリアへの「ボールの進め方」と，それに伴う「学習者におけるコツとカンの融合」に言及しながら考えたいと思います。

　タグラグビー・フラッグフットボールの学習者は，腰の左右の位置に，二本のタグ・フラッグを装着し，ラグビー・アメリカンフットボールで必要とされるタックル動作に代わり，相手のタグ・フラッグを手でとり上げることにより防御を行います。各ゲームは，攻撃及び防御（タグ・フラッグをとる行為）の回数が，ルールにより規定されています。そのため，学習者が，攻撃・防御という，各々の課題従事に集中することを可能としています。つまり，各ゲームでは，攻防の切替（役割の交替）が目まぐるしく変わることが多くありません。このことは，学習者に学習内容を明確にするという機能を有するとともに，「ボールの進め方」から広がるであろうボール運動・球技特有の「次なる展開（「いま・ここ」）を予測する」という学習を促すことを可能としています。実際のゲームでは，学習者が成功裡に技能（コツ）を発揮するためには，「次なる展開（「いま・ここ」）を予測する（カン）」こと，つまり「コツとカン」の融合はボールゲームの学習では欠かせません。

　タグラグビーでは，ルールにより保障された攻撃回数の間に防御側にタグをとられた場合，即座に，後方に位置づき，かつ，可能であれば，〔突破〕を意図して走り込んで来る味方にパスをしなければいけません。つまり，パスという行為により，攻撃の「権利」をつないでいくことになります。したがって，パスという行為が成功しつづけるかぎり，「攻撃の継続」が可能となります。タグラグビーは，攻撃が継続される情況の中から，「次なる展開（「いま・ここ」）」の情況把握を行い，味方との積極的な対応から〔突破〕が目ざされるゲームであるといえるでしょう。さらに，そこでの学習者は，動きつづける情況の中に自らを適応させながら，〔突破〕という課題解決が目ざされることになります。

　一方，フラッグフットボールでは，ルールにより保障された攻撃回数の間に

防御側にフラッグをとられた場合（あるいはボールが地面に接地した場合），その攻撃は一時終了となります。その後，保障された回数の中で，あらためて次の攻撃準備を行い，学習者が静止した状態から攻撃が再開されることとなります。つまり，あらかじめ保障された攻撃回数を念頭に置きながら，その攻撃の全体図式を構築し，毎回攻撃を試みることになります。フラッグフットボールは，あらかじめ予期した攻撃の全体図式を基底として，毎回リスタートされる攻撃の中から，「次なる展開（いま・ここ）」の情況把握を行い，その全体図式に学習者自らを対応させ，〔突破〕につなげることが目ざされるゲームであ

コラム2　ラグビーについて

　ラグビー・フットボールがイギリスのラグビー校という学校で発生したゲームであることは，広く知られているところです（「エリス伝説」：1823年，ラグビー校の学生であったウイリアム・ウェッブ・エリスが，当時行われていたフットボールのルールを一瞬無視してボールをつかみ，それを抱えたまま走ったことがラグビーの発生とされています。その経緯を尊重し，ラグビー・ワールドカップの優勝トロフィーは，「エリス・カップ」と呼ばれています）。そもそも，フットボールは，その地で生活していた人々が興じる，激しい「民族フットボール」といわれるものでした。その激しいフットボールを，ラグビー校の校長であったトーマス・アーノルドは，生徒らが，団結心・辛い仕事をいとわない精神・道徳心などを身につけることを目ざし，教育活動の中に意図的に位置づけたといわれています。つまり，ラグビー校式フットボールは，あらかじめ教育的機能を含み込んだ「学校フットボール」であったといえることができます。そこでは，高い技術・戦術を駆使し勝利を得ること以上に，自らを律し，相手や味方を思いやる精神が大切にされることになります。したがって，「アフターマッチファンクション（試合後にレフリーを含む両チーム関係者の交歓会）の実施」「トライ獲得時における過剰な喜び行動の自制」「ゴールキック時における観衆の静寂」などは，教育的意義を含むラグビー独自の文化ではないかと考えます。このような点は，学校体育の授業づくりにおいても，参考にするべき内容ではないかと考えます。　　　　　　　　　　（廣瀬勝弘）

るといえるでしょう。さらに，そこでの学習者は，これから発生するであろう情況の中に自らを適応させながら，〔突破〕という課題解決が目ざされることになります。

(廣瀬勝弘)

 **ボール運動・球技の授業で「タグラグビー」や「フラッグフットボール」が盛んに実践されるようになった理由を教えてください。**

Answer

ゲームにおける課題解決の仕組みが容易であるからだと考えられます。

〈解説〉

　平成20年改訂の学習指導要領において，新しく紹介されたこれらの種目は，小学校中学年における「陣地を取り合うゴール型ゲーム」という位置づけになっています。これまで，「ゴール型ゲーム」に該当する種目は，バスケットボール，サッカー，ハンドボールでした。これらの種目は，攻防が交錯する中でボール争奪を行い，それに勝ち得た側（攻撃側）が，相手防御の突破を試み，相手のゴールに接近，シュート場面を創造し得点を目ざすゲームであるといえます。つまり，これまでのゴール型ゲームは，ボール争奪を起点として，「相手防御の突破を目ざす課題＝〔突破〕」及び「シュート場面を創造し得点を目ざす課題＝〔的入れ〕」という，同時に二つの解決するべき課題が含まれたゲームであると理解されます。よって，ドリブルやシュートなどの個人技術が稚拙な中学年時において，これらのゲームは，とても困難度の高いものであるといえます。

　一方，タグラグビーとフラッグフットボールは，「陣地を取り合う」という枕詞が付いているように，前述した二つの課題のうち，〔突破〕に焦点化をし，その解決を目ざしたゲームであると理解されます。この二つのゲームの得点方法は，「ゴールエリアにボールを持ち運ぶこと＝〔持ち運び〕」という共通する点があります。それは，これまで得点をすることに必要とされていた〔的入れ〕

という課題と比べるならば，子どもたちにとっての困難度は低くなるといえるでしょう。

アメリカンフットボールについて

　アメリカに初めてイギリスのフットボールが紹介されたのは，1867年であるとされています。当時，なんと25人対25人でサッカールールに従ってゲームが行われたそうです。1869年にルールが統一されてボールを持って走ることと投げてパスすることが認められ（ボールはサッカーボール），1874年にはラグビールールによって大学間の対抗戦でゲームが行われたそうです。これをきっかけとし，アメリカ独自のフットボールへと変化してアメリカンフットボール（以後，アメフト）が生まれたといわれています。

　1880年にはラグビーでの「スクラム」から「スクリメージ」の変更がなされ，ボール所有権が明確になりました。1882年には，アメフトに特徴的な「ダウン」制が導入され，初期のアメフトが生まれました。「ダウン」制とは，攻撃側チームに，4回のプレイを行う権利（ダウン）を与え，4回以内のダウンで（フォースダウン終了までに）10ヤード以上前進すると，次のダウンは再びファーストダウンとなり，あらためて4回の攻撃権が与えられるというものです（ファーストダウンの獲得）。一方で，10ヤード前進できなければ攻守交替となり，プレイ終了地点で相手チームがファーストダウンを獲得することになります。この10ヤードの前進が達成できているかぎり連続して攻撃を行うことができ，ボールを持って敵陣エンドゾーンに入るか，敵陣エンドゾーン内でパスを捕球すればゴールとなります。これをタッチダウンといいます。ちなみに，ラグビーと異なり，ボールを接地させる必要はありません。

　アメリカンフットボールというと危険なスポーツという印象をもたれがちです。たしかに，1930年代に，負傷や事故の多さから非難の声が高まり，ルールの転換あるいは廃止という事態に直面しました。しかし，フランクリン・ルーズベルト大統領の「このアメリカ独自の男らしいスポーツを消滅させてはならない」との決断により，負傷軽減のための防具の整備やルールの改定によって安全なスポーツとして整備が進みました。

　そして，現在，アメリカンフットボールは基本的に11対11でゲームを行うスポーツとして，アメリカでは熱狂的な人気を得るようになりました。　　　　　（鈴木直樹）

ゴール型の主要な解決するべき課題となる〔突破〕を基盤としたゲームは，これまで学校体育の中では位置づけられていませんでした。その多くは，〔突破〕と〔的入れ〕が，常に，ひと揃えになっていたといえます。授業を構成する教師，また，学習する子どもたち各々にとって，タグラグビーやフラッグフットボールは，解決するべき課題（〔突破〕）が明確かつ単純であると考えられます。さらに，これらの運動は，ゲーム・ボール運動領域のカリキュラムを円滑につなげるための役割を担うゲームであるといえるでしょう。このことが，学校体育において盛んに実践されている理由となります。　　　　　　　（廣瀬勝弘）

 ボール運動・球技の指導法にはどのようなものがあるか教えてください。

Answer

「ゲームはゲームで上手くなる」という発想のもと，数多くの指導法・指導モデルが提案されています。

〈解説〉
　数多くのボール運動・球技の指導法，指導モデルの紹介を，その登場の経緯や背景を確認しながら進めていきます。現在，ボール運動・球技の授業づくりは「ゲームの学習である」といわれ，体育授業では，多様な工夫がなされ実践されていることは周知のとおりです。しかしながら，かつてわが国では，ボール運動・球技の授業づくりは，個々の種目の技能習得を重視する学習過程が目ざされていました。そこでは，ゲームを，個々の要素に分割して学習することが目ざされ，ゲームの中におけるその位置づけなどは考慮されず，絶縁的かつドリル的に学習が展開されました。一方，機能的特性からゲームの楽しさを重視する学習過程が展開され，当該種目のもつ「楽しさを享受すること」が，学習の上位目標として位置づけられ，授業が展開されました。そこでは，教師は，

ゲームを楽しくするための簡単なルールの提示と，学習者自身による「楽しさが向上するようなルール改善」を積極的に求める授業展開が行われました。

わが国が抱えていたボール運動領域における課題は，海外においても，同様であったといえます。1980年代以降，イギリスのラフバラ大学において始められた，学習者のゲーム中における戦術的気づきを重視し，ゲームの中で課題を解決するべく，「戦術」そのものを対象として学習を志向する「戦術アプローチ（Tactical Approach）」という考え方は，その後，アメリカのグリフィンらによって理論的かつ実践的モデルとして精緻化され，1990年代に日本に紹介されることとなりました（日本では，「戦術学習」と呼ばれています）。そこでは，ゲームの大半を占めるであろう「ボールを持たない動き」の位置づけ，「ゲーム－練習－ゲーム」という学習過程，ゲームパフォーマンス評価などが提示されました。また，ボールゲーム種目を，「侵入型」「ネット・壁型」「守備・走塁型」「ターゲット型」に分類し，その類型に応じて内容提示を行いました。今日，TGfU（Teaching Games for Understanding）モデルと呼ばれているのは，これらの考え方を基礎としたモデルであるといえます。平成10年改訂の学習指導要領では，小学校中学年のゲーム領域において，これまでの「種目」名表記から「型」名表記に変更されました。この背景には，「ゲームはゲームで上手くなる」という発想のもと，欧米で展開されてきた「戦術アプローチ」の考え方が強く影響しているといえます。このことは，語弊がありますが，それまで「ゲームをただ何となくやっていた」わが国のボールゲームの授業から，「何を学ぶのか」「なぜ学ぶのか」ということを，学習者自身が思考する授業づくりへと，大きく舵取りを行ったターニングポイントであったといえます。平成20年改訂の学習指導要領では，この考え方がさらに強く引き継がれていることは周知のとおりです。

さらに，ボールゲームの指導法の代表的な実践事例として「スポーツ教育モデル」があげられます。これは，アメリカのシーデントップにより提示され，「学習者にスポーツのプレイの仕方を徹底的に学習させ，自らのスポーツ経験を調整，運営する方法を学習する」モデルといえます。つまり，その当該スポ

ーツに含まれる「すべての意味」を学習内容として設定し，すべてを学習者に学ばせようというものであるといえるでしょう。そこでは，技術や戦術の習得はもちろん，礼儀の尊重や審判のあり方などを習得し，自らの日常生活にフィードバックすることまでが目ざされることになります。

また，近年，「バル・シューレ（Ballschule，日本語に訳すと"ボール学校"）」といわれる教育プログラムが話題になっています。これは，ドイツのハイデルベルク大学で実践されている教育プログラムです。その契機は，運動不足が主

指導モデルとは？

授業において各教科には学習内容というものがあります。この学習内容とは端的にいって，学ばせたいことがらを子どもの立場に立ってみたものである，ということができると思います。そして，この内容を教師の立場から考えたときに指導内容となる，ということができます。その指導を行う際の枠組みとして指導モデルが考えられます。

実際の授業づくりを行う際には，子どもの実態や教師の願い・思いなどを踏まえ，「何を学ぶのか」「なぜ学ぶのか」「いかにして学ぶのか」といったことを熟慮し，学びの道筋を検討する必要があります。その際に，学びや指導の道筋の視点として検討されるのが指導モデル，ということになるといえましょう。それは，この授業では，子どもにここを大事にして学んでほしいとか，この学びの面白さに触れてほしいというときの手がかりといってもいいかもしれません。要は，学習の道しるべとして全体像を示すものということです。

このような指導モデルとして，体育の授業の中で有名なものとしては，ステージ型やスパイラル型などの授業モデルがあります。近年ではTGfUモデルやスポーツ教育モデル，調整力や巧緻性を高めるモデルとしてのコーディネーショントレーニング，また学習につまずきのある子どもに対する支援・指導モデルも盛んに開発されています。このように指導モデルは多様な領域で多様なモデルが開発，検討されています。しかし指導モデルはそのモデルどおりに指導や授業を行うことが目ざされるものではなく，あくまで道しるべであるということを忘れてはいけないでしょう。

（松本大輔）

因で肥満となった子どもたちの解消でした(指導は,主としてハイデルベルク大学の学生がボランティアとして担当)。名称が示すとおり,ボールゲームをプログラムの内容として取り扱っていることが特徴であるといえます。その内容を構成する考え方は,すべてのボールゲームで必要かつ共通するであろう要素を取り出し,プレイをしながらその習得を目ざすというものです。その考え方は,上述した「戦術アプローチ」に類似しており,子どもたちの実態に即したアクティビティが考案され,とりわけ,ゲーム事例については,「個人」「グループ」「チーム」別に多様な内容で構成されています。

　上記のこれらの指導法・指導モデルは,一つの例であると考えます。指導の対象となる子どもの実態を精緻に踏まえ,ゲームに求められる競争課題を明確にし,その成功裡な解決を子どもが自らの力で達成できるような指導法・指導モデルの構築が教師に求められるのではないでしょうか。　　　　(廣瀬勝弘)

 ボール運動・球技のカリキュラムづくりのポイントを教えてください。

Answer

> 本書第2部の2の「(4) 競争課題の組み合わせ」(p.61)を参照し,課題の単純なものから,課題が複数あるものへと発展させるようにしてみてはいかがでしょう。

〈解説〉
　本書では,ボールゲームを,ゲームの中でプレイヤーが直面する「課題」に着目して四つのタイプに分類しています。
　カリキュラム(教育課程)は学習者の実態把握,目標の設定,内容の選択,内容の配列に基づき作られるのが普通ですが,特にボール運動・球技は,防御を「突破」するという活動が多いことから,内容の選択(scope)には「突破」を,内容の配列(sequence)としては「課題の組み合わせ」を念頭に置くこと

になります。学習者の実態はまさに千差万別なので，下記はほんの一例です。
　例えば，ボールを小さな的やゴールにぶつけたり入れたりするゲームでは，プレイヤーの課題は，まさに①「的入れ」です。ボーリングやゴルフが有名ですし，簡単なシュートゲームがこれになります。次に，ボールを持って走るプレイヤーが，自らゴールに飛び込むようなゲーム（ラグビー，アメリカンフットボールなどが有名です）は，防御する相手を②「突破」することが課題です。「突破」していった先に，小さめのゴールにシュートする（「的入れ」）という課題が残っている場合，③「突破」＋「的入れ」という複合課題が生まれます。バスケットボールやサッカーが有名です。そして，③「突破」課題に成功した後，プレイヤーが塁を回って最終地点に戻ってくるという課題，つまり「進塁」が課題として残っているゲームもあります。野球が有名です。これは④「突破」＋「進塁」という複合課題です。
　そうなると，単純なものから複雑なものへと考えると，①「的入れ」，②「突破」，③「突破」＋「的入れ」，④「突破」＋「進塁」となるでしょう。③と④が逆でもいいのですが，④は「突破」と「進塁」が独立したゲームとして同時進行するという複雑な面もありますので，ご注意ください。
　ただし，上記の配列は，ボール運動・球技のみに着目しているので，「進塁」は走る要素が大事と捉えるなら陸上運動の後にするなど，組み合わせは他の内容等も考慮するとよいでしょう。

（土田了輔）

コラム5　カリキュラムとは？

　カリキュラムの語源はラテン語の「競走のコース（走路）」を意味しています。これは，「クレレ（currere）」という「走る」という意味のラテン語が起源にあるといわれています。そのため，「競走のコース（走路）」を意味するカリキュラムという言葉は，「人生の来歴（コース）」を意味するものとなり，英語で「カリキュラム・バイト（curriculum vitae）」といえば「履歴書」を意味します。

　教育におけるカリキュラムとは，端的にいって，教育目的とこれに対応する教育内容をセットにした教育・学習のコースを意味しています。特に，わが国ではカリキュラムというと「公的枠組み」と「教育計画」という二つの意味で語られていることが多いようです。しかし，近年では，これらのカリキュラムの理解が狭義のものであるといわれ，教科はもちろん，それ以外の学習の教育目標や内容，教授活動などを多方面にわたって捉えることで，総合的に言及していることが多くなっているとのことです。このような広義な捉え方として，カリキュラムはデューイの考えを踏まえた「学びの経歴の履歴」として捉えることが多くなっているといえます。

　カリキュラムを実際に教育実践において考える場合，わが国では，「学習指導要領」と呼ばれる文部科学省作成のガイドラインがあります。このガイドラインを基にして学校のカリキュラムは作られることになるのですが，具体的には，学習者の実態把握，目標設定，内容選択，内容配列に基づき単元を計画し，評価を用意します。この内容選択をスコープ（scope，領域）といい，内容配列をシーケンス（sequence，系列）といいます。スコープとシーケンスが交差するところに単元（unit）が成立します。

　加えて，重要な考え方として，カリキュラムは「計画（plan）」ではなく「開発（development）」であるということです。各学校の特色を生かした独自のカリキュラムが開発されることを期待したいです。

（松本大輔）

〈引用・参考文献〉
森敏昭・秋田喜代美編，2006『教育心理学キーワード』有斐閣
佐藤学，1996『教育方法学』岩波書店
中野啓明編著，2007『現代の教職原理』考古堂

Q8 ボール運動・球技のチーム編成上の留意点を教えてください。

Answer

ゲームの結果（勝敗）のみがあまり意味をもたないように，学習形態を工夫してみてはいかがでしょう。

〈解説〉

　チームづくりの問題は，(1) チームのつくり方で解決する方法と，(2) ゲームの実施のさせ方（学習集団の問題）で解決する方法の二つがあるように思います。(1) については，授業で取り上げる種目を社会体育等で経験している，いわゆる技能の高い子どもを各チームに平等に配してチーム編成をしたり，シュート技能（ゴール下の連続シュート等）のスキルテストを事前に実施して，チーム間の技能を均質にしたりするなど，これまでにもたくさんの方法が紹介されていることと思います。しかし，ゲームと異なる条件で実施したテストをスキルテストと考えていいかどうかに疑問も残るところです。私は，広いコートで相手を突破しながらボールを移動していくことを考えると，ボールの遠投力のほうが重要になることもあると考えます。

　次に，(2) の解決方法です。この方法は，「ゲームって何だろう？」という素朴な問いに立ち返っていただくことになります。私たち大人は，スポーツ，ゲームと聞くと，「対立する2チーム間の戦い」を想い起こすのではないでしょうか。これは，ある意味では正解です。でも，みなさんの勤務する学校の休み時間の様子を見てください。子どもたちはどうやってボールゲームを楽しんでいますか。

　きっと，数人の子どもが「遊ぼっ！」と集まった時点で，ジャンケン等で集団が二分割されて，ゲームが始まるのではないでしょうか。子どもたちの遊戯活動の特徴は，まず遊戯集団ができて，それからその集団を分割してゲームを実施するところにあります。異年齢等で技能の高低がはっきりしている場合は，

誰と誰がジャンケンをするかをリーダーが指示していました。大人が考える「対立する2チーム間の戦い」を「チーム間ゲーム」と考えるなら，子どもの遊戯活動は「チーム内ゲーム」とでも呼べばいいかもしれません。

　では，授業の中ではどうやったら「チーム内ゲーム」が実現するのでしょうか。まず，1チームの人数を，二分割すればゲームができる人数に増やしてみましょう。ゲームの合間には，「敵」「味方」に分かれたメンバーを集め，一緒に話し合いをさせてみましょう。相手にやられて嫌だったことを言い合えば，それはもう一方のチームの評価につながりますし，ルールの工夫にもつながります。問題処理のリーダーを1人指名しておくのも効果的です。「敵」と「味方」に1人ずつリーダーがいると対立図式が明確になりすぎて「もめごと」の種になりますが，双方合わせて1人であれば，「敵」と「味方」という構図になりにくくなります。

　また，私は，バスケットボールのようなゲームではあえてバスケットボールの経験者をリーダーに指名しないなど，特定の種目の経験者が話し合いをリードしすぎないようにしています。

（土田了輔）

 **ボール運動・球技の評価のポイントを教えてください。**

Answer

> ボール運動・球技では，プレイヤーが何をめぐって競争しているかを明確にして，その「ゲームの情況」を解釈していくことが重要ではないでしょうか？

〈解説〉

　ボール運動・球技の授業づくりは，「ゲーム中心」といわれます。そのために，ゲームしている情況の中で評価することが一般的です。しかし，本当にゲームの中でプレイヤーが発揮している力や成長・変化していることを評価（ゲーム

を評価）しているかといえばそれは疑問です。ゲームを評価するというよりは，ゲームを手段として「パス」や「ドリブル」「シュート」の上手さを評価（ゲームで評価）するようなことが多いように思われます。そのため，結果的にボール操作技能が高いプレイヤーの評価が高く，そうでないプレイヤーの評価は低くなる傾向にあります。これは，その種目に必要とされる技術が，学習内容と考えられていることに起因していると思われます。例えば，サッカーやバスケットボールと聞くと，「足で扱う」「手で扱う」ということをイメージし，「シュート」や「パス」「ドリブル」が頭にパッと浮かぶのではないでしょうか。野球のようなゲームであれば，「打つ」「投げる」「捕る」，バレーボールのようなゲームであれば，「レシーブ」「トス」「スパイク」といったように我々にとってなじみのある公式の種目に必要とされる技術に注目し，その技能（スキル）の程度がゲームを使って評価されているのではないでしょうか（手段化されたゲーム）。すなわち，技能ごとのテストはしていないまでも，それをゲームの場に置き換えた技能テストをしているのと変わりがないかもしれません。

　この問題は学習評価の考え方の誤解から来ているように思われます。学習評価の機能は，一般的に「①学習者の自己評価・自己理解を助ける」「②教師の授業改善に活かす」「③指導要録の記載に活かす」といった三つから捉えられます。とりわけ，①と②が重視され，評価は子どもや教師のこれからの学習や指導を支援するものとならなければなりません。伝統的に評価は，学習を進めてきた区切りにそのよし悪しを判断して，活動を奨励したり，改善したりするもの（このような事後評価をエバリュエーションと呼びます）と捉えられる傾向にありましたが，学習者や指導者が学びの履歴を通してニーズ（意味）を導き出していくことが評価の大きな役割になるといえます（このような事前評価をアセスメントと呼びます）。このようなことから，プレイヤーが何をめぐって競争しているかを明確にし，技能・思考判断・態度といった視点から，取り扱うボールゲームにおける子どもたちの成長・変化の見通しから「何を」評価するかといった視点を導き出していく必要があるといえます。

　話は変わりますが，アイカメラを使って運動未熟練者，運動熟練者がバスケ

ットボールのゲームをどのように観察するか調べると，運動未熟練者の視線は，ボールを追っていく傾向がみられます。同時に，活躍した子どもは誰かと尋ねると，ボール保持率の高い子どもをあげ，よいプレイもボールを持った動きに偏って評価します。そして，「いいシュート」「いいパス」「いいドリブル」といった回答を示します。一方で，運動熟練者は，ボールを視野に入れながらも，情況におけるプレイの意味を判断しています。そして，活躍した子どもとして，ボールを持っていないときによい動きをした子どもをあげています。よいプレイも「仲間をサポートした」とか「いいタイミングでシュートを打って決めた」といったように情況を踏まえた評価をしています。

コラム6　学習評価とは？

「評価」を英訳すると，"エバリュエーション（evaluation）"と"アセスメント（asessment）"が適用されることが多いように思われます。エバリュエーションとは，一定の学習活動，授業や単元の終了後に，学習効果の判定や今後の改善点などについて考える事後評価といえます。つまり，結果として「何が出来て何が出来なかったか」を評価するときにエバリューションが使用されます。その方法の典型が，スキルテストやペーパーテストになります。一方，アセスメントとは，子どもたちが「学習したこと」にかかわるさまざまなデータなどの情報を収集し，解釈（分析）し，学習ニーズを把握するという一連の過程である事前評価と考えられます。つまり，学習の過程で生まれた成果を収集し，「子どもたちの学習活動の意味や有効性を解釈，展望していく」ようなときにアセスメントが使用されます。その方法は多様で，スキルテストやペーパーテストはもちろんのこと，学習カードの記録，観察，授業中のやりとりなどをも含みます。近年では，アセスメントという概念に基づいて学習評価が捉えられるようになりました。それは，「指導と評価の一体化」という言葉に代表されるように，学習評価が学習の結果を値踏みし，子どもたちを価値づけすること（結果主義）から，学習の過程で成長しつづける子どもたちを支援すること（過程主義）へと考え方が変化してきたからといえるでしょう。

（鈴木直樹）

集団対集団でプレイをするボールゲームでは，ボールに触れている時間よりもボールに触れていない時間が長くなるのは当然です（5対5でバスケットボールを実施した場合，1人がボールを持って9人がボールを持っていない状況になる）。しかし，ボールに触れていなくても競争課題をめぐってボールを中心としながら，すべてのプレイヤーがゲームに貢献しようとしているはずです。すなわち，どのようにプレイヤーがボールにかかわっているかが重要なのではないでしょうか。そこで，まずは，ゲームを観察したときに，「パス」や「ドリブル」「シュート」などへ注目することから，<u>競争課題をめぐって一人ひとりのプレイヤーがどのように貢献しているかに注目してはいかがでしょうか</u>。詳しくは，第2部の4（p.80）を参照してください。　　　　　　　（鈴木直樹）

子どもたちがボールゲームに取り組んでいるときに，教師はどのように指導を進めればよいか教えてください。

Answer

> 学ばせたいことを振り返ってみれば，教師行動がはっきりとしてくるのではないでしょうか。

〈解説〉

　多くの子どもたちはボールゲームが大好きです。私もボールゲームが大好きで，先日，フットサルをやりました。私は特に競技でフットサルをやってきたわけでもないですし，サッカーの競技歴もありません。でも，そのゲームはとても楽しいものでした。夢中になってゲームをしていました。しかし，プレイをしていたときに，「○○があいている」とか「パスをまわして」という言葉がコートの外から私の耳に入ってきました。その後，それを意識するあまりプレイがぎこちなくなったことを記憶しています。学校体育の授業を参観させてもらったときにも，同じような場面を目にすることが多くあります。コートの

外からコートの中にいる子どもに教師がしきりに声をかけています。ところが，このようなプレイに関する言葉かけは，頭で考えて動くのではなく，無意識的に動いて夢中にプレイしている子どもに，あれこれ考えさせてしまい，考えて動くちぐはぐなプレイを生んでしまうことがあります。プレイの賞賛という点では理解できますが，教師の指示という行為については，一考の余地があるように感じます。それはなぜでしょうか。

　私はかつて小学校で教師をしていました。そのときの私は，何か子どもに働きかけていないと，教師としての責務を果たしていないように感じ，教師として授業の実践をしていたように思います。だからゲーム中であっても自分自身が直接的に「指導しなければならない」と考えてしまっていました。

　もし，あなたのクラスの子どもたちが全員ゲームに参加し，プレイしていたらどうしますか？　ゲーム中に指示し続けますか？　黙って観ていますか？

コラム7　教師の四大行動について

　1970年代後半，体育の授業中の教師や生徒の行動的事実を客観的に観察・記録するための「組織的観察法」が開発されるようになりました。これを用いた授業分析のデータ蓄積により，体育授業中の「四大教師行動」が次のように特定されてきました。

1）マネジメント：集合，出欠確認，用具の出し入れなど，授業の管理・運営のための行動。
2）直接的指導：説明，発問と応答，指示，演示など，その授業で学習者に教え学ばせたい内容を示す行動。
3）観察：学習者の学習活動（運動学習や認知的学習）を見守る行動。
4）相互作用：賞賛，励まし，助言，学習者の発言の傾聴など，学習者と積極的にかかわる行動。

　これまでの研究によれば，教師がマネジメントや学習指導に多く時間をかけると学習成果は低調となり，教師が相互作用を積極的に営むと学習成果に好影響を与える傾向があるといわれています。

（鈴木　理）

私はその手がかりを授業における教師の四大行動に求めたいと思います。教師行動は四つに大別されるといわれています。それは、「直接的指導」「観察」「マネジメント」「相互作用」です。ゲーム場面でもこれらの四つの教師行動をうまく組み合わせていくことが重要なことであると考えます。特に、「観察」という教師行動を大切にしながら、ゲームを観察するとよいでしょう。そこに、ゲーム発展のカギや指導の方向性のカギがあるかもしれません。そして、子どもたちの変化も見取ることができます。大事なのは、そのことを教師だけのものにするのではなく、子どもたちに返してあげることです。例えば、ゲーム中に外側で観察している子どもがいるならば、彼らと共にゲームを観ながら、対話し、ゲームを評価し合ったり、直接指導したりすることも可能です。また、ゲームが上手くいかない、遅滞しているというときには、授業の展開を変更し、タスクゲームを行いながら、子どもたちに戦術的な気づきをさせることもできると思われます。したがって、四つの教師行動を独立して実践するのではなく、同時的に展開させていく必要があるでしょう。

　重要なことは、第一に、<u>学習内容をはっきりとさせ、ゲーム構造の発展様相を捉えておくこと</u>です。そうすることによって、見る視点が生まれます。第二に、その発展様相に伴って、<u>プレイしている子どもの評価規準を設定しておくこと</u>です。詳しくは第2部の4（p.80）を参照してください。　　　　（鈴木直樹）

 **ボール運動・球技で子どもたちの技能差が大きくても、全員が活き活きとプレイできるようにする工夫について教えてください。**

Answer

技能よりも、ゲームの捉え方を学習内容の中心にしてみてはいかがでしょう。

〈解説〉
　学習内容が「技能の発揮」に偏ると、当然のことながら技能差が問題になり

ます。しかし、ゲームの捉え方（アイデア）を学習内容にシフトし、いろいろな作戦を試行錯誤して、「このゲームってどうなっているのか」を考えてもらうことで、技能差の問題をある程度克服できると私は考えています。

　ボール運動・球技の授業では、技能の低い子どもより、むしろ技能の高い子どもの取り扱いのほうがやっかいです。具体的問題は、(1) 技能の高い子どもが一人で何でもやってしまって、他の子どもがゲームに有効に参加する余地がない、(2) 技能の高い子どもの学習内容が保障されない（既に知っているし、できるから）、などが考えられます。(1) の問題はそのまま技能の低い子どもの問題につながるのはご承知のとおりです。(2) は、案外、置き去りにされています。

　知っていることばかりだと、知っていることを知っているとおりにやって、予想したとおりの結果になるでしょう。これでは技能の高い子どもは、「学習者」にはなれず、せいぜい「先生（コーチ）役」、あるいは「お客さん」になってしまいます。しかし、技能が高いと思われた子どもも、自分がやってきた種

コラム8　競争（compete）について考える

　competeの語源はラテン語の「……を目ざして一緒に励む（competere）」です。これは、「一緒に（com-）」と「求める（-pete）」という語の複合です。競争というと対立図式をイメージすることが多いと思いますが、そもそもは一緒に何事かを達成しようという営みです。似た言葉にライバル（rival）という語があります。こちらはラテン語のrivalis（同じ川を利用する人）という意味があります。

　どちらにしても、戦いいがみ合うというより、協力して何事かを成し遂げるという意味が強いですね。よいライバルの出現が、自分を成長させるなどということがありますが、これらの語源をみると、あながちそれも嘘でもないかなと思います。学校の運動会では徒競走でも競争を嫌い、みんなで一緒に手をつないでゴールするということが、一時期、話題になったことがありますが、学校内の競争も、「一緒に求める」という質のものになるといいですね。

（土田了輔）

目を案外知らなかったことに気づけば、自分自身も「学習者」になれるのではないでしょうか。そうなれば、技能が低く、知識も乏しい他の学習者からの素朴な問いに耳を傾け、一緒に学ぼうとするのではないでしょうか。

どんな種目でも案外共通した「役割」があるはずです。その役割の発見と試行錯誤を共通の課題としてみてはいかがでしょうか。技能の低い子どもは「発見」を、技能の高い子どもは「再発見」をする授業になるかもしれません。

(土田了輔)

Q12 ボール運動・球技の学習集団編成は、男女別と男女混合ではどちらが適しているか、教えてください。

Answer

どちらでも可能だと思います。

〈解説〉

私は、Q8（p.19）で紹介したように、「チーム内ゲーム」を中心に授業を展開しています。私の教育現場は大学ですが、今まで男女別に授業を展開しなければいけないと感じたことは、あまりありません。何がなんでも勝たなければならないという理由がないので、そうする必要がないのです。むしろ、男子だけにすると激しくなりすぎると思うこともあります。

「兄弟チーム」という仕組みも、お互いにアドバイスをしあうけれど、最終的には戦うことを宿命づけられていたり、実質的に人員の交流がないけれどアドバイスはするという、別チームという扱いです。英語圏ではスクリメージ（scrimmage）という概念があります。一つのチームを二つに分けて行うゲーム、といったような意味です。まさに「チーム内ゲーム」です。同じチームであれば、一ゲームごとにメンバーを入れ替えたりして、人員の交流も自由です。お互いの手の内もよく知っています。知ったうえで「試し合う」のです。そんな

コラム9 「技術」「技能」「パフォーマンス」の用語の違い

　「技術」という用語は，「①逆上がりができるための技術」「②ボールを遠くに投げるための技術」「③イチロー選手のバッティング技術」等のように，使用されることが一般的ではないでしょうか。体育の授業における「技術」という用語は，「運動技術」と同義であると考えられます。運動技術とは，「用具，施設，ルール，戦術，選手の能力といった，スポーツの達成を規定しているあらゆる要因を考慮して，特定の課題解決に現在のところ最も合目的的だと判断された，ある具体的な運動の仕方」と規定されています。そこでは，例えば，ある子どもが発見した逆上がりができるための具体的な運動の仕方が他の子どもにも伝わるという「運動の仕方の公共性」ということが重要な観点になります。体育の授業づくりでは，「誰もが達成することのできる運動の仕方（＝一般的には「コツ」と表現される）」を共有化するための仕掛けが，とても重要になります。前述した①②でいわれる「技術」とは，運動の仕方の公共性を含む学習対象となるべき内容であることが理解されます。一方，③でいわれる「技術」とは，現在のところ公共性はなく，イチロー選手のみがもつ，特殊な「運動形態」であると定義づけられます（「イチロー選手特有のバッティング形態」と言い表すことができます）。このように「運動技術」の精緻な捉え方は，体育授業における課題設定を明確にすることを可能としています。

　一方，「技能」という言葉は，「学習者自身に『運動技術』が備わった状態であること」と定義づけられます。学校体育では，その考え方を広範に捉え，「学習するべき内容そのものである」とする場合もあります。

　さらに，「パフォーマンス」という言葉は，「学習者自身が『運動技術』を駆使し，ある情況を達成した状態である」と定義づけられます。体育の授業で実施される学習者の運動は，当該課題解決を合目的的に解決したとしても，1回ごとに違う経過をたどり実施されます。これは，「運動の一回性の原理」といわれています。当然ながら，その中には，「すばやく円滑に実施できた場合」や「やっとのことで実施できた場合」が含まれます。一般的に，前者は「パフォーマンスが高い」といわれ，後者は「パフォーマンスが低い」といわれることがあることは周知のとおりです。したがって，「パフォーマンス」とは簡易な言い方をすると，「運動のできばえ」と表現することができると考えます。

（廣瀬勝弘）

〈引用・参考文献〉
金子明友・朝岡正雄編著，1990『運動学講義』大修館書店，pp.256-257.

チーム内ゲームで，play（遊ぶ）が上手になったうえで，チーム間ゲームに移行しないと，「遊び下手」のplayer（遊び手）は，すぐに喧嘩や粗暴な行為で，遊びを壊します。相手が男子であろうが，女子であろうが，技能が高かろうが低かろうが，自己満足のためだけにゲームをやりたがります。

みんなで「遊ぶ」というのは，案外難しい営みです。対戦表を作れば勝手に遊んでくれるというほど，安易なものではありません。個人主義の現代だからこそ，授業で遊び方を教える必要があるのではないでしょうか。　　　（土田了輔）

Q13 ドッジボールで，逃げてばかりいてボールを扱うことの少ない子どもの指導について教えてください。

Answer

ドッジボールの競争課題は何でしょうか？

〈解説〉

　ドッジボールで逃げてばかりいる子どもは，ドッジボールのゲームの面白さに触れることができていないのでしょうか？　ドッジボールは，英語では「Dodge Ball」と訳されます。「dodge」とは，「すばやく身をかわす」という意味です。すなわち，ドッジボールは，「ボールをかわすゲーム」です。そこで，二つのことが，どちらのチームが勝つか負けるかわからないハラハラしたゲームができること（＝競争の未確定性）を保障することになります。一つは，「ボールを人というターゲットに当てること」，もう一つは，「当てられないようにボールをかわす」ことです。これがドッジボールの競争課題になります。

　皆さんは，ドッジボールの勝敗をどのように決めますか？　当てた人数ですか？　コートに残っている人数ですか？　ほとんどの人がコートに残っている人数で勝ち負けを決定しているのではないかと思います。それは，「ボールをかわして最後までコートに残る」ということが目標になっているからではないで

しょうか？ もしそうであるならば，捕ったり，投げたりしないということはいけないことでしょうか？ 投げようとするということは，前進して相手に近づくことが多く，投げた後は無防備になるので，そのボールが捕球された場合，

> **コラム 10** 「戦略」「戦術」「作戦」の用語の違い
>
> 　「戦略（strategy）」「戦術（tactics）」という二つの用語は，古代の兵学に由来する語であるとされています。また，「作戦（operation）」という語は，後になって「戦略」と「戦術」の中間に置かれた言葉といわれています。
> 　実は，これらの語の使用に対する共通の定義というのは，まだ確定していない状態なのだそうです。しかし，辞書的定義では，「戦略」というのは，大規模な，あるいは長期的な用兵計画をさし，「戦術」は，個別の戦闘の用兵をさすことになっています。
> 　本書では，あまり戦略という語は用いていませんが，「戦略」は，上記の辞書的定義を用い，長期的，大規模な戦い方をさす用語として考えることにします。例えば，ゴール型ゲームの単元で，あるチームが，「うちのチームは，速攻を中心に攻撃できるチームにしよう！」という目標を立てた場合，これを単元という長い期間内での戦い方を示している点に着目し，「戦略」と考えることにします。
> 　一方，「戦術」に関しては，個別の試合，例えば，Ｂチームと対戦することを考える場合，などに限定します。そうすると，他のチームとＢチームが戦っていたのを見学したり，一度，実際に対戦してみて，Ｂチームのある程度の傾向がわかることがあると思います。例えば「Ｂチームはあまりシュートが入らない」などです。それ（「傾向」）がわかれば，「守りの人数を減らしてフォワードに人数を回して速攻しやすくする」という，「対策」が立てられるはずです。このように，傾向を把握して対策を立案する一連のプロセスを，この本では「戦術」と呼ぶことにします。そして，「傾向と対策」の結果に生み出される，個々の対策そのものを「作戦」と呼ぶことにします。上の具体例に続ければ「ゴール下は主にＣさんとＤさんの２人で守って，残りのＥさんとＦさんはなるべく前で攻撃に回ろう」などが作戦に当たります。　　　　　　　　　　　　　　　（土田了輔）
>
> 〈引用・参考文献〉
> ヤーン・ケルン著，朝岡正雄・水上一・中川昭（監訳），1998『スポーツの戦術入門』大修館書店，pp.20-22.

当てられる可能性が高くなり，それはボールをかわすための時間を失わせます。また，ボールを捕りにいくということは，自分から当てられにいくわけですから，当てられないという目標を達成するうえで危険な行為といえます。ですから，逃げてかわすということは，大変重要な試みです。

しかし，かわして守るだけではなく，捕って守るということも必要になります。なぜならば，その行為が攻撃権の取得につながるからです。したがって，かわしただけでは，攻撃に転ずることができません。そのため，攻撃権の移動の変化が少なく，ゲームが活性化しないように感じられる場面があります。同様に，人数が多い場合に典型的ですが，投げたり，捕らなかったりという行為が，「動かないでも当てられない」という事実によって，生まれない場合もあります。これは，かわすことさえもゲームの中で起きていないということになるわけです。そのため，「ゲームが動かない」「人が動かない」ということを問題にすることが重要であると思います。そこで，このような「ゲームと人の動き」といった観点から教材を振り返ってみる必要があります。

つまり，「ボールを当てる」「ボールをかわす」という競争課題が行ったり来たりすることによって，「ドッジボール」の対決情況が生まれます。そこで，捕るということが必要になりますが，捕るということは容易なことではありません。ここで，発達段階や子どもの実態に応じたゲーム提示が必要になると思います。その際の手がかりは，「競争を行う人数」「コートの大きさ」「ボールの種類」などから考えるべきでしょう。その後に，ゲームのルールを工夫することです。このときに忘れていけないのは，「ドッジボール」は「ボールに当てられない；ボールをかわす」ということに未確定性を求めた的あての競争課題であることです。攻防が分離しており，ボールに当てられなかった人数を競うということは，当てられなければ，負けることはないのです。わざわざ，投げて攻撃権を得る必要はありません。そこで，ドッジボールの授業づくりで気をつけなければならないのは以下の3点であると思います。

①「人＝動く標的」にボールを当てられるようなコートでゲームを行うこと。
②ボールをかわしている人がどれくらいいるのか，わかるような人数でのゲ

ームを行うこと。
③ボールの工夫をすること。
　このように考えてみると，ボールを捕ってボールを投げる機会を得ることのない子どもは，ドッジボールの本質的な面白さであるボールに当てられないようにすることに迫っているともいえます。しかし，投げて当てる局面に光が当

コラム11　運動能力と発育・発達について

　運動能力の発育・発達を考えるうえでスキャモンの発達曲線を踏まえることが適当かと考えます。スキャモン（Scammon）の発達曲線は，呼吸器や消化器，骨や心臓などの「一般型」，脳，脊髄，視覚器などの「神経系型」，睾丸，卵巣などの「生殖器系型」，胸腺，リンパ節などの「リンパ系型」の四つについて示したものです。例えば，「一般型」の発達は小学校高学年では女子のほうが早く，この時期の女子の身長が男子より高いという現象が起きます。

　このスキャモンの発達曲線はスポーツや運動の指導において非常に重要視されているものです。スキャモンの発達曲線によれば，神経系が最も早く発達するとされており，4，5歳までには，成人の80％程度にも達します。そして9歳から12歳（個人差を考慮してプラスマイナス2〜3歳はみるべきといわれます）では俗にいう「ゴールデンエイジ」と呼ばれ，神経系の発達によっていろいろな動きや技能を身につけることに最も適した時期であるとされています。つまり小学校段階の時期の子どもたちには，神経系の発達を考慮し，単一の動きを繰り返し反復させたり，体力トレーニングを行わせたり，持久力を高めることよりも，さまざまな運動や多様な動きを経験させることが重要になってくるといえます。

　さらにスキャモンの発達曲線に従えば，中学校段階では，呼吸器・循環器系の発達が盛んになるとされています。つまりこの時期の子どもたちは持久力を高めることに最も適した時期であるといえます。そして高校段階では，生殖器系の発達が著しくなるとされ，筋力をつけるのに適した段階であるとされます。このように子どもの運動能力の発達・発育は，適した時期に適した内容を提示することが重要であるとスキャモンの発達曲線から考えることができます。

（松本大輔）

てられるために，子どもが活躍していると考えるプレイヤーは，ボールを投げたり，捕ったりといったボールを持つ技能に偏ってしまうのでしょう。ゲーム構造からドッジボールを見直すことによって，「ボールをかわす」ということを大切にしたうえで，勝つためにボールを投げて，当てて，捕るという行為が競争課題の中で子どもたちにとって意味ある出来事として現象化されてくると思います。

(鈴木直樹)

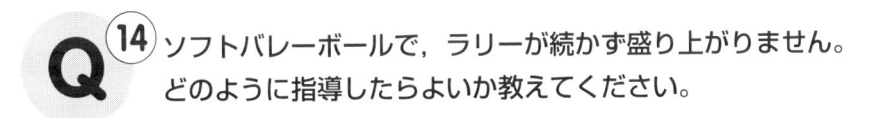

Q14 ソフトバレーボールで，ラリーが続かず盛り上がりません。どのように指導したらよいか教えてください。

Answer

> ラリーをかたちづくる三種類の行為，すなわち「ネット越しに入ってくるボールを受けること」「仲間同士でボールを送り受けること」「ネット越しにボールを送り込むこと」をきちんと識別することが大切です。そのうえで，ボールの扱いを易しくしたり，自コート内での触球回数制限を緩和したりして，先の三種類の行為の精度を高めていくとよいでしょう。

〈解説〉

　まず，「ラリーが続く」とはどういうことでしょうか。それは，一般的には「ボールを落とさない」とか「仲間のプレイをカバーする」など，総じて「失点の回避」に成功することをさすと考えられています。しかし，そもそも落としたりカバーをしたりする対象となるボールは，はじめからそこ（自コート）にあったわけではなく，相手方コートからネット越しに送られてきたものです。そして，そのボールを落とさずに（うまくカバーして）相手コートに送り返して，ようやく一つのラリーがかたちづくられます。つまり，ラリーとは，自チームの内部ではなく，自チームと相手チームの間に形成される「関係」のことなのです。「ラリーが続く」とは，この「相手チームとの関係」を（自チームか

ら見て）うまく取り結ぶことによって実現します。もちろん，この「うまく～」の先には，今さしあたって目ざしている「ラリーの発生・継続」を超えて，「ラリーの意図的な中断」という発展的な段階があることも踏まえておきましょう。

　ところで，ソフトバレーボールやバレーボールでは，相手チームから送られたボールを送り返すまでに，自チーム内での「複数回触球」が認められています。一般的なルールでは，「レシーブ→トス→アタック」のように，3回以内の触球（三段攻撃）を経て相手方コートにボールを送ることになっています。ここで，ゲーム中にプレイヤーが扱うボールは，①ネット越しに相手コートから飛来するボール，②自チーム内でつなぐボール，③ネット越しに相手コートに送り込むボール，のうちのどれかです。つまり，三段攻撃の「ワン」「ツー」「スリー」は，それぞれ①～③に対応した独自のねらいや働きをもつものであって，「三」は単なる「一回目，二回目……」という回数以上の意味を帯びているのです。

　初期段階のゲームでは，「自分のところにボールが来たので，とりあえず真ん中に上げておいた（どうすればよいのかわからなかった）……」というプレイがよく見られます。この「わからない」という問題を「ボール操作に慣れる」というかたちで解決しようとしても，なかなかうまくいきません。まずは，ゲーム中の個々の触球場面が「ワン＝ネット越しに受ける」「ツー＝自チーム内でつなぐ」「スリー＝ネット越しに送る」のどれなのかを的確に判別できるようにすることが大切です。

　そのうえで，それぞれの場面で求められるボール操作上の課題に取り組んでいきます。詳しくは第2部の2（p.55）で述べるので，ここでは簡単に触れておきましょう。第一触球場面では，相手コートから，つまり「遠く」から飛んでくるボールを受けて，自コート内の仲間（近く）に送るという「距離の調整」がポイントとなります。第二触球場面では，仲間から受けたボールをさらに次の仲間に送るうえで，「方向と高さ」の調整がポイントとなります。第三触球場面では，仲間（近く）から受けたボールをネット越し（遠く）に送るために，「距離の調整」がポイントとなります。これらいずれの場面においても，ボール

を「受ける」ことにとどまらず，さらに続けて「送る」という仕事をしなければなりません。したがって，ソフトバレーボールやバレーボールでは，ボールの落下点に「ちょうど間に合うタイミング」ではなく，それより少し早い，「捕って投げるのに間に合うタイミング」で入り込むことが大切です。

　もちろん，こうした技能習得は，子どもの主体的条件に配慮しながら段階的に進めることが肝要です。そこで，まず「ボールをはじく（ボレー）」という操作が，「捕る」と「投げる」の運動の組み合わせによって成り立っていることを確認します。そして，はじめは「実際にボールを一度キャッチしてからすばやく投げる」とか「ワンバウンドしてもOK」のように，課題を易しくしたゲームを用意するとよいでしょう。あるいは，特に課題解決が難しい第二触球場面を分割し，「ワン」「ツー」「ツー」「スリー」のように触球数の制限を緩和してもよいでしょう（ここで，「ワン」「ツー」「スリー」「フォー」と言わない

コラム 12　バレーボールのネットの高さ

　バレーボールは，1895年に米国マサチューセッツ州ホリーヨーク市でW・G・モルガンによって考案された「ミントネット（mintonette）」を出自としています（1896年「バレーボール」と改名）。当時のネットの高さは6フィート6インチ（およそ1m98cm）であったことが記録されています。その後のルール改定で，ネットの高さは2m10cm（1900年）→2m30cm（1912年）→2m40cm（1917年）と順次変更され，現在のルールでは一般男子が2m43cmとなっています。ちなみに，一般女子は2m24cmとされています。また，高校生男子2m40cm，高校生女子2m20cm，中学生男子2m30cm，中学生女子2m15cm，小学生は男女とも2mといった具合に，発達段階に応じてネットの高さが設定されています。これらは国際バレーボール連盟の公式競技規則に準じて日本バレーボール協会が定めたルールですが，体育の授業でバレーボールを実施する場合には，学習者の主体的条件に合わせてネットの高さを設定する必要があります。例えば，指高（直立して片手を上に伸ばしたときの床から指先までの高さ）の学級平均にボール1～2個分の高さを加えた値を一つの目安とする方法があります。

（鈴木　理）

ことがポイントです)。いずれにせよ,「ラリーが続かない」という問題を,技能の未熟さに一元化して捉えるのではなく,ボレーによる複数回触球(場面)の目的的な意味に注視しながら考えることが大切です。　　　　　　　(鈴木　理)

Q15 ベースボール型(ゲーム)の授業で,子どもの運動量を高めるための指導の工夫について教えてください。

Answer

ソフトボールのようなゲームで「守備を突破して攻撃する」ということと「進塁して得点をとる」という競争課題の組み合わせから,戦術理解という視点をもち,子どもたちの発達段階を考えた授業づくりをすることで,この問いが解消されるのではないでしょうか。

〈解説〉

　ソフトボールは,サッカーやバスケットボールに比べて運動量が少ないとはじめから決めつけていませんか。たしかに,ゴール型のゲームは,攻防が入り乱れ,ゲームが分断することがないので,運動している時間は長いように思われます。一方で,ソフトボールのような攻守交替型のベースボール型のゲームは,ゲームが途切れて再スタートする場面が数多くあります。そのため,長期的な連続的な動きがなく,待ち時間の多いゲームと思われがちです。しかし,本当にそうでしょうか。私自身は野球を少年時代から続けてきましたが,1試合終わるとクタクタでした。結構,ベースボール型のゲームでは持久的な体力を使っています。それでは,なぜ学校体育でベースボール型のゲームは運動量が少なく,指導がしにくいと考えられるのでしょうか。それは,野球やソフトボールといった種目に強く影響され,その種目には以下に示すような二つの大きな特性があるからではないかと思われます。

> ①三つの競争課題（打つ−守る，進塁する，作戦を遂行する）からなり，それらが複雑な「意思決定」や「情況判断」を要求する。
> ②打順，ポジションという概念が明確なため，プレイヤーが専門的な役割を担って分化している。

　ベースボール型ゲームは，「ボールを打って防御を突破する」という課題と「ボールが突破されている間に進塁をする」という課題からなります。これは，基本的には双六と同じで，サイコロを振って出た目の数だけ進めるというものと同じです。ボードゲームの「野球盤」をイメージしてもらえれば容易に理解できると思います。ただし，ベースボール型のゲームでは，いわゆるヒットエンドランやスクイズなどのように，この二つの課題を組み合わせた課題も重要です。つまり，①×②という課題が戦術として存在します。ここに，ベースボール型ゲームの大切な面白さがあり，競争というドキドキ体験をプレイヤーや観察者が共有できるところであるといえるでしょう。このように，突破することと進塁することが複雑に組み合わさることで，競争課題が難しくなり，プレイヤーの「意思決定」や「情況判断」が難しくなるために，単にゲームの方法を提示しただけでは，難しく，どう動いてよいかわからないので，必然的に運動できなくて面白くないというゲームになってしまうと思われます。

　また，サッカーやバスケットボールでもポジションは存在するものの攻防が入り乱れ，その位置は常に変化するため，役割の専門化は，ボールを運ぶという協働の中で生まれます。ところが，野球は，一回の「突破＋進塁」がひとまず終わった段階で再び，「突破＋進塁」が繰り返されることになります。すなわち，一旦，プレイを終え，再スタートすることになるのです。そのため，元の守備位置（情況によって多少変化）に戻り，アウトカウントや走者の有無によって，プレイが実施されます。したがって，サッカーやバスケットボールがボールに集まって団子状態の中で攻めたり守ったりするゲームから少しずつ攻撃や守備の役割が生まれてくるのに対して，野球に類するベースボール型のゲームでは，役割分担を明確にもたせた組織的なゲームにさせてしまいがちです

（クリケットのようなゲームは意外にアバウトですが……）。これは，おままごとでお母さんになりきって楽しんでいる子どもに，実際にお母さんの役割を担わせるようなものです。したがって，子どもの発達段階に合ったゲームを提示できないところに，ベースボール型のゲームの難しさはあったともいえます。

　これらは，野球やソフトボールという決められた種目を教えるという視点から授業づくりをしたときに生まれてしまう大きな問題です。そこで，<u>野球やソフトボールのゲームのやり方を指導するのではなく，野球やソフトボールといったスポーツの面白さをゲーム構造から捉え，競争課題を明確にしたうえで，教材としてのゲームづくりをしていくことが目ざされます</u>。したがって，運動量を多くするための工夫ではなく，ベースボール型のゲームの面白さに触れることのできる内容構成と展開構成にすることで，"わかって""動けて""楽しい"授業展開につながり，運動量も同時に増えてくるのではないでしょうか。

（鈴木直樹）

コラム 13　プレイ論

　『遊びと人間』を著したR・カイヨワによれば，遊びは自然発露的行為，混乱，気晴らし，陽気な騒ぎを特徴とする未組織な遊び（＝パイディア）から，工夫，計算，ルールへの服従を特徴とする制度化された遊び（＝ルドゥス）へと発達していくといいます。そして，子どもたちにとっての充実した遊戯生活が実現されていくプロセスを，M・エリスは「連続的な不調和」と「漸増していく複雑さ」の2点から捉えています。J・ホイジンガによって「遊ぶ人（＝ホモ・ルーデンス）」と言い表される人間，とりわけ子どもたちは，今取り組んでいる遊びを難しくしたり，次々と克服すべき障害を生み出したりして，遊びを継続しようとします。また，チクセントミハイによれば，遊びにおける楽しさは，遊び手の技能水準と課題水準との調和の中に生じるものであり，さらに楽しさは発展的に深まっていくといいます。このような子どもの遊びに対する欲求に根ざして体育の学習指導を進めようとする立場が，プレイ論の考え方です。　　（鈴木　理）

第2部

授業づくり論

1

ボール運動・球技の授業づくりの転換

　平成20年改訂の小学校学習指導要領では，ボール運動（ゴール型）は，以下のように記述されています。
　「ア　ゴール型では，簡易化されたゲームで，ボール操作やボールを受けるための動きによって，攻防をすること」
　これらのうち，「簡易化されたゲームで」の文言は「公式の」とか「正規の」ゲームをしなくてもよいということです。おそらく公式の競技規則に則ってゲームをやる学校体育など不可能でしょう。
　問題はその後です。「ボール操作やボールを受けるための動きによって，攻防をすること」とあります。そしてそれより少し前の文言に，技能を身につけることができるようにする旨が記載されています。
　これらを総合すると，ボール操作やボールを受けるための動き（ボールを持たない動き）の技能（競争方法）を取り出して，それを中心に練習すればいい，とお考えになるかもしれません。
　しかし，本書ではそれをお勧めしません。なぜなら，先の学習指導要領の文言には，「何のために」とか「どうして」そのようなボール操作やボールを受けるための動き（ボールを持たない動き）が必要か，ということにまでは言及していないからです。学習者全員に，等しく上記のような技能を会得させたとしても，何のためにそんな技能（競争目的，あるいは，競争目的を達成するために自分に割り当てられた役割）が必要なのかがわからないと，学習者は自分がとるべき行為を選択できないか，まわりのゲームの情況を無視して（あるいはよくわからずに），とにかく教わった動きを繰り返すかもしれません。上記の論理（基本の技能練習をすればゲームができる）は，文法を学べば，ポンと

アメリカの街角に放り出されても英語を話せるでしょ，と言っているのに似ています。でも文法なんか学ばなくても，会話はできるようになります。だから，本書では，学習者に文法を教える前に，「街角に立たせる」実践も紹介しています。ただし，「あのパン屋さんでパンを買って来て」といった目的意識をもたせたうえでです。買い物に必要な会話は限られたところから始まるでしょう。やがて会話は，パン屋の店員さんから常連の他のお客さんへと広がり，他のお店でも買い物ができるようになるかもしれません。バスや電車にも乗れるようになり，はじめは会話もままならなかったその人も，やがてその街の一員になっていくかもしれません。

　話を戻します。ボールを受けるための動き（ボールを持たない動き）が必要になるのは，防御する側が，一定の水準での防御行動ができることが前提になります。私は，ある国立大学で，体育，スポーツを主として専攻する学生向けのバスケットボールの体育実技を非常勤で担当したことがあります。受講者は，極めて技能の高いバスケットボール経験者（その大学のバスケットボール部員も含む）でした。また，それ以外の学生も，大学の体育系運動部に所属していました。あるバレーボール部所属の女子学生が，チームの話し合い場面で言いました。「バスケで守るってどういうことなの？」この問いに対して，バスケ経験者が「ケースバイケースだよ」と答えました。

　これは本当でしょうか。本来，バスケットボールでは（多くのボールゲームは），ボールを所有した場所から，ゴールの中にボールを移動していくことが競争目的です。したがって，相手（攻撃側）がボールとともにゴールに向かって進行しようとするなら，ボールとゴールの間に入り，相手の直進をなるべく妨げる（大回り-迂回させる）ことが守るということになるはずです。攻撃者がボールを持っていなくても，その攻撃者とゴールの間にいること，つまり内側にいることが，まず，「守る」ということです。

　図1（p.42）をご覧ください。赤のチームは守りです。おおよそ，みんな「内側」にいることがわかると思います。赤のプレイヤーが「守ろう」という意識がなくても，「内側（攻撃者よりもゴール寄り）」にいるだけで，青のチームは

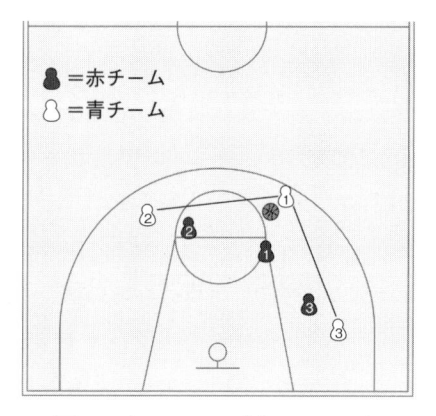

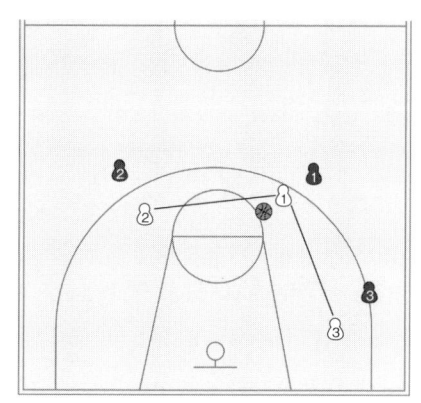

図1　赤チームは「守っている」　　図2　赤チームは「守っていない」
＊図1の赤のプレイヤーは，みんな青のプレイヤーを結んだ線よりゴールに近い方（内側）にいる。

多少の「迂回」を強いられます。私は小学校（場合によっては中学校も）の体育授業では，「守る」ということはこのくらいの知識があれば十分だと思います。マンツーマンとかゾーンとか，細かく教えだしたら大変です。

　図2はいかがでしょうか。赤のプレイヤーは，相手の青のプレイヤーより外側にいます。これではゴールがガラ空きですので，「守っている」とはいえません。

　あるいは，ちょっと高度ですが，内側を補助的に守りつつ，ボールを持とうとしている他の攻撃側のプレイヤーに簡単にパスが入るのを防ぐ（パスレーンを意識しておく）ことが必要にもなります。特にこの後者，これからボールを持とうとしている攻撃側のプレイヤーに，簡単にパスが渡るのを防ごうという防御行動が起きたとき，はじめて「ボールを受ける動き」が必要になります。この情況は，防御側が「内側を守る」より，相手のボールを積極的にカットしにいくときに生じます。これはもはや単なる「防御」以上の事態です。

　みなさんの小，中，高の教育現場ではいかがでしょう。わけもわからずに立っている「防御（のつもり）」がほとんどであれば，「ボールを受ける動き」を攻撃側に教えることは困難になります。「Vの字」に動こうが，「Lの字」に動

こうが，防御は反応すらしてくれません。

　本書では，あるゲームがそもそも何を目ざしているのか（競争目的）を捉え，それを達成するためには，ゲームをどのように考えるか（ゲーム構造の把握と課題の明確化）という手続きを踏んでから，授業を立案することをお勧めしています。とりあえず知っている「名前のついた技術・戦術」[1)]から指導することは避けています。なぜなら，「名前のついた技術・戦術」は，そういうことが必要な一定のレベルの人たちにのみ必要だからです。

　私たちは，ゲームの中で個々の学習者（プレイヤー）が，よりよくパフォーマンスを発揮するために，どんな技能や判断が必要かを問う前に，そもそもゲームってどうなっているんだろうという素朴なアイデアをもってもらいたいと考えています。例えば，守ろうって決めたら，なるべくゴールの近く，しかも相手よりも内側にいよう，という具合です。ここで，「自分は相手（攻撃者）より外側にいるなあ」と思った子が，自分は守っていないことに気づいたら，素晴らしい学びだと思います。さらに意図的に攻撃者の外側に出て，速攻の待ち伏せに向かってくれたら最高です。ここから先は，自分が攻撃になる，とわかっていることになるからです。

　このように，単純だけれど重要なアイデアがある程度達成された後，学習者にさまざまな技能や判断を磨いてもらってもいいのではないでしょうか。そのためには，このゲームでは，どんなことが争われているか（競争目的）に着眼し，その目的を達成するためには，チームのメンバーがどのように取り組めばいいのかを，学習者がつくり上げていく，そんな授業を模索しています。

　それでは，場を変えて，体育の授業の中を覗いてみましょう。具体的な授業の様子に基づいて，上記のことを考えてみてください。

　体育館ではちょうどバスケットボール型のゲームが始まります。子どもはいくつかのチームに分かれて，準備体操が始まりました。

　授業者のS木先生は大学でもバスケットボール部で活躍した達人です。学校外でも，ご自身がミニバスケットボールの教室を率いて，全国大会にも出場し

ている名監督です。

　さて，チームでの準備体操の後で，Ｓ木先生はさっそくみんなを集めてこう言いました。「さあ，それではドリブルの練習をしよう！　バスケではドリブルがとっても重要な技術なんだよ！」各チームは体育館の隅に並び，いつものようにドリブルのリレーが開始されます。子どもはみんな楽しそうに声をあげています。

　「次は，シュートの練習をしよう！」Ｓ木先生の指示が飛びます。子どもたちは，それぞれのチームに割り当てられたゴールに向かって，右から，左からドリブルシュートを始めます。運動が苦手なＲ子さんも，このときは自分のペースでゆったりとシュートを試みます。「踏み切りはね，こうやって，いっち，にいって，二歩はっきりね。ここにモップを置くからさ，飛び越えて，いち，にっ，だよ。最後は上に飛ぶんだ。前に飛んじゃだめだよ」。Ｓ木先生の指導にＲ子さんは真剣に聞き入っています。今日は先生の指導の成果もあってか，4回のうち2回もシュートが入ってご満悦です。

　「さあ，それではチームで作戦を立ててください。今日からいよいよ準決勝を始めますよ！」Ｓ木先生の指示で，チームは体育館のいつもの場所に陣取って話し合いを始めます。Ｒ子さんは，男子2名，女子2名で構成された「チーム・ジャイアンツ」のメンバーです。チームのキャプテンはＳ木先生が指導するミニバスケットボールのチームでキャプテンを務めているＫ介さんです。

　「よし！　絶対，決勝にいくぞ！　今日の相手はチーム・タイガースだ。Ｔ史はシュートが上手いけど，ミニバスではセンターだからさ，ボール運びはヘタなんだ。Ｎ香と俺と前から当たってゾーンプレスやるぞ。とったらすぐシュートしてこのあたりをすぐ守る。そのあいだ，Ｒ子，お前，真ん中を守れ！　二線だぞ，二線！」

　Ｒ子には何がなんだかわかりません。プレス？　何か押すのかしら？　二線？　何の線？　Ｔ史さんはセンターって言ってたから，きっと真ん中にくるのね。ということは！　あんなに大きなＴ史さんが，私の近くにくるの？　どうしよう……。

ゲームが始まりました。R子さんは、何がなんだかわかりませんでしたが、とりあえず、さっき作戦板の真ん中に、K介さんが鉛筆でグリグリと何重にも○をつけていたところにいました。さいわい、K介さんとN香さんの活躍で、ボールはほとんどコートの真ん中には来ませんでした。R子さんは、1回だけボールを触ったのですが、無我夢中で、その後、そのボールをどこに投げたか憶えていません。でもゲームが終わって、また話し合いをしたとき、K介さんが「やったな！　これで決勝進出だ！」とみんなにハイタッチしてくれたので、ちょっと嬉しくなりました。今日の学習カードは「楽しかった」の欄に、最高の「3」をつけちゃおう、と心密かに思うR子さんでした。みんなでボール籠を片付けているとき、S木先生から褒められたので、「チームワーク」の欄も「3」だな、と思いました。

　さて、次の時間は外でサッカーの授業が始まりました。ちょっと覗いてみましょう。H田先生はみんなの意見を聞いてくれるやさしい先生と評判です。今日もやさしく声をかけます。「みんな、各班で集まったら準備体操ね。その後は、パスの練習をしようか。この前の試しのゲームのとき、どうやって動いたらいいかわからないって、みんな言ってたでしょ。今日は3人で三角形を作ってさあ、真ん中に2人鬼がいて、パス回しの練習ね」
　K平さんは少年野球をやっている活発な少年です。もちろん、サッカーも大好きです。身体を動かしたくて、ウズウズしています。「そうか、パス回しの練習か。シュートも練習したいけどパスって大事だもんな」。グラウンドのあちこちで、3人の三角形が動いています。H田先生がみんなに集合をかけました。みんなが集まると、H田先生がお手製の巨大作戦板を使って説明を始めます。作戦板には○が2つと◎が1つ、×が2つ書かれていました。「いい？　パスするときさあ、ほら、ここ、パスを受ける人とパスする人、ね？　ここの間にパスが通るんだけどさあ、ディフェンスがこの間にいると、カットされちゃうよね？　だからね、自分とパスを受けてくれる人の間に、相手がいないときにパスしよう！　もう1人の人はさあ、ここに空いているスペースがあるでしょ？

ここを埋めて次にパスをもらえるようにしよう！」

　やがてゲーム前の作戦タイムがやってきました。K平さんは，キャプテンでサッカーの得意なY男さんに「K平，お前さあ，足が速いからさあ，やっぱ，守備固めやってよ！」といわれ，野球でもよく聞く「守備固め」の中心に指名されて，ちょっと得意気です。「よ～し，いっちょうやったるか！」

　ゲームが始まりました。相手は何度もK平さんが守っているゴールを脅かしてきます。相手のチームにもサッカーの得意な子が何人かいるのです。相手の蹴り損なったボールが，不意にK平さんの所に転がって来ました！「ようし，さっきの練習どおり，空いている味方を探してっと」，そうこうしているうちに，相手のS奈さんとA美さんに囲まれ，あっという間にボールを奪われました。そのボールがゴール前に転がり，なんと相手のG郎さんにシュートを決められてしまいました。落ち込むK平さんにY男さんが遠くから怒鳴りつけます！「お前，何やってんだよ～！　リベロなんだからボールが来たらすぐに思いっきり蹴りゃあいいんだよ！　ぐずぐずしてんなよ！」。すかさずK平さんも言い返します。「だってさっき練習したろ！　空いている人を見つけてパスしなくちゃだめだって」Y男さんからは「あれは練習！　これは本番！」といわれる始末です。

　ゲームが終わり，さきほど対戦したチームが他のチームとゲームを始めました。K平さんはぼんやりとゲームを眺めながら呟きました。「あいつら，気持ちよさそうに思いっきりボール蹴ってるなあ……」

　さて，いかがでしたでしょうか。よく見かける体育授業の光景ではありませんか。どちらの授業も，先生方は非常によく当該の種目の特性を理解しておられます。最初の例にいたっては，S木先生は専門のバスケットボールですから，指導も具体的ですね。次のサッカーの例も，H田先生は，新しい学習指導要領を意識した，ボールを持たない動きも学習内容にとり上げていました。これなら，中学校に行っても「空間に走り込む」などの感覚が身につき，円滑に小・中連携ができそうです。

でも，何か寂しい気がしませんか。最初の例では，R子さんは何を学んだのでしょう。相手のいないところでの正しいドリブルシュートか，ランニングシュートでしょうか。ゲームでは，バスケットボールの経験者のK介さんが，いろいろと指示を出してくれました。でも，R子さんはチームの一員としてゲームに参加できたでしょうか。基礎だといわれたドリブルやシュートは，ゲームのどこで生きてきたのでしょう。

　次のサッカーの例では，H田先生は空間の使い方やボールの受け渡しを中心に学習内容を精選されていましたね。この考え方はサッカーのみならず，ゴール型といわれるどの種目にも共通している重要な要素です。したがって，平成20年の学習指導要領の改訂では，小学校から中学校，高校と続いていく，重要な学習内容となっています。しかし，この学習内容のために，K平さんにとっての「いま・ここ」でのゲームは置き去りにされてもかまわないのでしょうか。

　練習時間がたっぷりある少年サッカーチームだったら，空間の使い方，パスレーンの見つけ方は，3対2の簡易化されたゲームの中で習得できます。いや，しなければ「公式のゲーム」では活躍できないでしょう。しかし，学級の中で，サッカーの「公式ゲーム」に出場する子どもは，いったい何人いるでしょうか。

　私は体育専門の学部がある大学に行き，体育教師になり，教育大学で球技運動方法学なんて看板を掲げて偉そうにしていますが（決して偉くはありませんが），これまでに一度もサッカーの「公式ゲーム」に出たことはありません。

　これはバスケットボールでも同じ事態です。学級の中に，将来bjリーガーになる「可能性」がある子どもがいるかもしれません。でも，学校の体育は，ワールドカップやJリーグまで一直線につながっているものではありません。これはバスケットボールでもソフトボールでも同じです。学校体育は，プロ選手やオリンピック選手を育成するための下部組織ではないのです。

　ボール操作や空間の使い方をマスターしないと，ゲームに参加できないのでしょうか。何度もいいますが，これらは非常に重要な技能です。あるととても重宝する技能です。しかし，技能が十分ではなくても，それなりにゲームには参加できます。1891年，アメリカでバスケットボールが考案されたときは，

みんな素人だったんです。でも，ご存じのとおり，ゲームは発展しました。

　正しいドリブル，正しいピボット，正しいシュート，そして正しい動き方，これはバスケットボールに携わる人たちが，何年もの歳月をかけて築き上げてきた人類の知恵です。みんな，なんとか勝とうと努力して，場合によっては筋力をつけて，パワーや持久力をつけて，大きい人ばかりチームにリクルートして，そんなことをしながら，長い年月をかけてやっと出来上がり，名前を付与された技術があるのです。サッカーだってハンドボールだって同じです。みんな，長い年月をかけて発展してきたのです。名前が付与されるということは，それだけ大勢の人が，その現象を見分ける必要があったということです。

　けれども，いったん，名前がついて，出来上がって，テレビなんかでプロのゲームを観る機会も増えて，みなさんが「バスケ」とか「サッカー」と思っているものは，実は，ごくごく限られた人たちにとって必要な，あるいはしかたなく巻き起こっている世界なんです。

　考えてみてください。どのスポーツでも，考案された当時から，今みたいなプロ選手がいたわけではありません。みんな素人だったはずです。だって，その種目はなかったわけですから。その素人の人たちが，限られた身体の操作の中で，「どうなったらゴールか（競争目的）」を決めて，そのゴールに向かって一所懸命にみんなで仕事を分担して頑張った，それがボールゲームです。

　さきほどのバスケットボールの例で，R子さんに降りかかった「危機的情況」に思いをいたしてみましょう。誰もが等しく「R子さんワールド」に侵入する，いい方法があるんです。次の文章を読んでみてください。

　位相補償のコンデンサを33pFが標準値のところに10μFのタンタル電解コンデンサを入れたのを見たことがある。担当者はOPアンプの歩どまりが悪いといっていたが，コンデンサの漏れ電流がOPアンプ初段のコレクタ電流に影響していたに違いない[2]。

　みなさん，わかりますか？　これは電子装置の回路などに携わる人にとっては必要な情報のようです。アジフライにかけるタルタルソースなら知っていま

すが，タンタル電解コンデンサが何をさすのか，私にはわかりません。柔道初段ならよく聞くのですが，OPアンプ初段とは聞いたこともありません。たぶん，R子さんにとっての「センター」とか，「ゾーンプレス」とか，「二線」とかいう世界は，この本の専門用語の世界と変わりないのではないでしょうか。特定のスポーツ種目を，そのスポーツ種目の専門用語で教えていくというのは，こういうことです。しかも，その専門用語には人類何十年の叡智が，血と汗と涙が溶け込んでいます。

　平成10年改訂，そして平成20年改訂の学習指導要領で，ゴール型（この本では突破型などとも呼んでいます）と名前をつけているゲームは，サッカーとかバスケットボールとか，何か特定の種目ではない，だけどそれらに共通している部分でプレイしようというのが趣旨ですので，なるべく専門用語を使わないで，みんなに理解できる言葉で授業が展開されるべきです。そうすれば，「一部の種目経験者の，一部の種目経験者による，一部の種目経験者のための授業」から脱却できるはずです。

　さて，さきほどのサッカーの例はいかがでしょう。K平さんは「正しい空間の見つけ方」や「正しいパスのしかた」をきちんと練習したはずです。しかし，残酷なことに，練習したはずのパスが，実践では仇になりました。守備固めのはずのK平さんが，なんと相手のシュートの手助けをしてしまいました。

　この様子，よく，「練習とゲームの乖離」なんていわれます。簡単にいうとそうです。でもよく考えてください。もっと重要な問題が含まれています。問題は，K平さんのやっていた「仕事（役割）」です。彼に任された仕事は，主に「守備」なんです。そして，おそらく，K平さんがいた学級のサッカーで必要とされていた守備の「仕事」は，とにかくゴール付近にきたボールを（前に）思いっきり蹴っとばすこと，だったのではないでしょうか。

　空いた空間を埋めてとか，空いている人をねらってパスを出す，なんてことがまことしやかにいわれます。それができたらもちろん素敵です。時間があったらドンドンやってください。でも考えてみてください。あんなに大きな長四

角のコートの中で,「正確に空いている空間を通して,味方にパスを確実につなぎながらボールの所有権を維持」するのは,いったいどこの誰の「仕事(役割)」なんでしょうか。あるいは,そんなこと,体育の授業で本当にみんなに必要なんでしょうか。

　空間のつくり方（creating space）に最初に着目したのは,イギリスのバンカーとソープ（Bunker and Thorpe）です。この人たちは,それまでのボールゲームの指導が,あまりにもパスやドリブルといった技術練習中心であったことを批判し,まず,学習者がゲームをする中でいくつかの技能の重要さに気づき,その後に適切な練習がなされ,またゲームに戻っていくという指導のかたち（Teaching Games for Understanding：TGfU）を提唱しました。その議論の中で,人と人とが入り乱れるタイプのゲーム,すなわち侵入型ゲーム（Invasion games）では,とりわけ空間の使い方が基本（fundamental）である旨を述べています[3]。そしてこの一節が,後の多くの欧米の,そして結果的にわが国のボール運動・球技の指導法に強い影響を及ぼしています。しかし,空間をつくることが大切だとされている文をみると,その空間は同時に,防御側が使わせないようにしていることが前提とされていることは,あまり紹介されていません[4]。先にも述べましたが,空間をつくることを教えるには,セットとして,空間を使わせない（deny）こともまた,同時に発生していなければならないということなのです。

　空間を見つけてパスをしてボールの所有権を維持している,ということを学習内容の中心に位置づけ,それを,どの学習者もが実感する機会を与えるには,上記のようにある程度は守るということも防御側に指導したうえで,コートをある程度広くしたり,人数を減らしたりした,簡易化され修正されたゲームを計画する必要があります。そうでないと,ごちゃごちゃしている中で,空いた空間をのんびり（慎重に）ねらってパスしたら,さっきのK平さんの二の舞です。

　でも,これって本末転倒ではありませんか。ゴール型のゲームを教えるって,

ゲームの中にある特定の技術（あるいは戦術的課題）を取り出して教えることなのでしょうか。そしてその特定の技術が強調されるような「極端に」簡易化され，修正されたゲームを用意するというのは，結果としてその「極端に」簡易化され，修正されたゲームを教えることになってしまいませんか。よくみると，「風が吹くと桶屋が儲かる」式のすり替えが生じていませんか。

ゲームの全体像がわかっている部活動の子どもの場合はこのような分解練習を徹底的に行います。彼らはゲームという全体の中で何が問題なのかを実践で経験しているケースがほとんどですから，「この3対2のミニゲームは，速攻が出たときの最後の場面でよく起きる事態だな」と理解できるでしょう。

さて，図3の「素朴な問い」をK平さんがH田先生に質問しました。

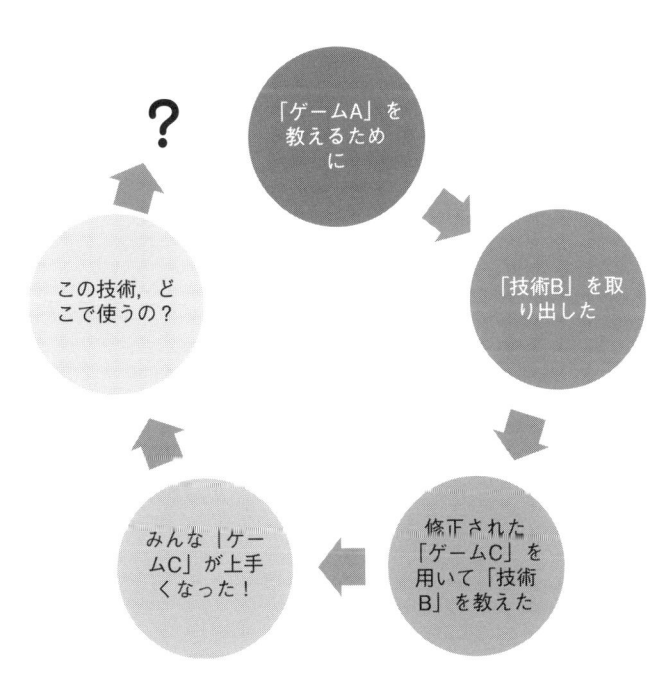

図3　風が吹くと桶屋が儲かる？

K平：「先生！ このパス，先生の３対２のゲームではすごく使えました！ ところで，明日のチーム対抗の決勝戦では，ばっちり勝てますよね？」
H田先生：「うん，まあね。でももっと上手くならないと，上手くいかないこともあるよ」
K平：「でも先生，サッカーの授業，明日で終わっちゃいますよ」
H田先生：「中学校に入ったらサッカー部で試合に出れば活躍できるよ！」
K平：「でも先生，僕は野球部に入るんです！ 明日試合で勝つにはどうしたらいいですか？」
H田先生：「うん，君はどこのポジション？」
K平：「守りです！」
H田先生：「なら簡単だ！ とりあえず来たボールは，思い切り遠くに蹴っ飛ばせ！」

　H田先生がそう言ったかどうかはさておき，ではどうしたらいいんでしょうか。H田先生は，ゲームには役割があって，役割によって求められる技能が異なることを，最後の最後にきちんと伝えています。そのとおり，ボールゲームは，多くの場合，分業によって成り立っていますから。あるいは，K平君たちの小学校のゴール型のゲームの授業は３対２までと指定されているのであれば，上記のような問題は生じないでしょう（ただし，彼らが「H田先生，ゲームいつするの？」と先生を責めないことを祈ります）。

　ところで，先生方は，何か名前のついた技術・戦術を教えないと，子どもたちから指導力がないなんていわれると恐れていませんか。「なんだよ，ミニバスのコーチのほうが本当のバスケ知ってるもん」なんていわれることを恐れていませんか。難しいこと教えて，できなくても「ちゃんとしたチームに入ったらもっとちゃんとできるようになるから。体育の授業は紹介するだけ」なんてごまかしていませんか。
　子どもたちは，本当のサッカーや本当のバスケットボールを教えてくれなけ

れば満足しないというのは，本当でしょうか。私はそうは思いません。子どもたちは，自分たちで操作させてほしいのだと思います。理科の実験道具だって，図画工作の工作道具や紙粘土だって，「自分たちで操作してみたい」のではないでしょうか。子どもたちは操作の仕方さえわかれば，大人よりもすごい，ホントにすごい速さで学習していきませんか。ゲームとかパソコンとかはどうですか。先生方より詳しいでしょう。

　この本を書いている私たちは，学習者の身の丈に合ったゲームを考えています。身の丈に合ったというとレベルが低いとかいわれそうですが，問題はそういうことではありません。あまりゲームのルールを修正しなくても，ゲームってできませんか。種目固有の空間の使い方とか，そのあたりのことを一通りできないと，ホントにゲームってできませんか。

　簡単な操作方法（作戦立案のポイント）を教えてやれば，子どもたちはどんどんゲームについて理解を深めていきませんか。きっとできるはずです。そして，サッカーやバスケットボールやハンドボール……種目ごとに発達した技術をすべて別個に用意する必要もないはずです。だって，学習指導要領に書いてあるじゃないですか，「ゴール型」って。一つにまとめられるということは，共通するものがあるということですよね？　この本は，そんな「種目主義」→「（共通する）内容主義」に転換して，体育の授業を考えてみようという目論見があります。これに失敗したら，学校の体育はプロのスポーツ選手やコーチが教えれば十分ということになってしまいます。理科の授業をNASAの研究者が来て教えるようなものです。これまでは，こういった議論に対して，「いえいえ，学校の先生は子どもの扱い方や授業方法がうまいから……」なんていって，そっと胸をなで下ろしていた先生がいたんじゃないでしょうか？　でも問題はそんなところにあるわけじゃありません。学習内容が異なるのです。そして，みんなで学ぶのです。みんなで，というのは，「仲良く」という意味ではありません（それも大事ですが）。同じ（と思っている）ことを，いろいろな個性が感じ取り，さらに感じ取ったものを交換しあうのです。それが学びの深まりではないでしょうか。そして，そんな学びの深まりを経験するのに最適な教材が，

ボールゲームです！　　　　　　　　　　　　　　　　　　　　　　　（土田了輔）

〈注〉
1）名前がついているから技術，戦術とも考えられます。当該の種目にかかわってきた人たちが，重要な現象を特定し，説明し，伝えようとしたからこそ，名前がつけられるわけです。ですから，あまり有名な専門的な名前のついた技術，戦術ばかり教えると，学習者のゲームから乖離することになります。逆に，ある学校の5年3組にのみ重要な組織的な動きがあったら，それに名前をつけても面白いかもしれません。プロでは到底使えないよ，という動きでも，子どもたちの現状にとって必要かつ有用であれば，それは立派な技術であり，戦術ではないでしょうか。
2）岡村廸夫，1990『アナログ回路はどうすれば理論どおりに働くか』日刊工業新聞社，東京，p.44.
内容を批判しているとか，表現が悪いとかという意味で引用したのではありません。あくまでも専門用語を実感していただくために引用させていただきました。
3）Bunker, D. and Thorpe, R. (1982) A model for the teaching of games in secondary schools, Bulletin of physical education, 18(1), pp.6-7.
Bunker, D. and Thorpe, R. (1986) The curriculum model, in Thorpe, R., Bunker, D., Almond, L. (Eds.), Rethinking games teaching, Loughborough, England, University of Technology, Department of Physical Education and Sports Science, pp.8-9.
これは出典は異なりますが，同じ文章です。
4）Creating spaceについて書かれている原文は以下のとおりです（下線強調は土田）。この一文は，指導者が学習者に提供するゲームの形式（game form）について述べられたものです。ゲームで使用するコートの範囲や人数，用具等の選定については注意が必要だという文面ですが，学習者がプレイしているゲームというのは，基本的に，ゴールなどの目標（a target）を攻撃するために空間をつくることがなされている一方で，同時に敵は空間を使わせないようにしている情況であることが想定されています。

In doing so it is important to give careful thought to the area of the playing surface, the numbers to be involved and the equipment involved <u>in playing games, fundamentally, creating space to attack a target while being denied space by the opposition</u> (Bunker, D. and Thorpe, R. (1982), p.6).

　　また，ゲームを実施する中で，学習者に期待する戦術的気づき（tactical awareness）について書いた一文は下記です。この一文は，ゲームの中で攻防の目的を達成する（敵対関係を克服する）には，空間をつくることや空間を使わせないようにすることに対する気づきが必要だと述べられています（下線強調は土田）。

Ways and means of <u>creating space and denying space</u> must be found to overcome the opposition (Bunker, D. and Thorpe, R. (1982), p.7).

2

ボール運動・球技では何を学ぶのか？

（1）ボールゲームをとらえる新たなまなざし

　わが国の学校体育では，年間の30％前後の授業がボール運動・球技にあてられていることから，その学習内容を精選し配列を工夫することは，体育のカリキュラムづくりの重要な課題となっています。とはいえ，世界各地でプレイされている膨大な種目数の中から，限られた授業時数で実施可能なものをどのように選び出せばよいのでしょうか。ここで有用なのは，似通ったタイプの種目を取りまとめ，各グループの中で代表性・典型性の高いものを採用するという考え方でしょう。なお，一口に「代表性・典型性」といってもさまざまな捉え方がありますが，現在，国際的に支持されているのは，ゲーム中の攻め方や守り方の特徴，すなわち「ボールを持たない動き」と「ボールを操作する技能」からなる「ゲームパフォーマンス」の類縁性を分類根拠とする立場です[1]。

　わが国の学校体育にも，近年，これにならった考え方が取り入れられるようになりました。平成10年改訂の学習指導要領では，小学校第3・第4学年のゲームの内容が，従来の運動種目名による表記（例：ポートボール，ラインサッカーなど）から，「サッカー型ゲーム」「バスケットボール型ゲーム」「ベースボール型ゲーム」「バレーボール型ゲーム」のように，そのゲームが属するグループ名で示されるようになりました。さらに平成20年改訂の学習指導要領では，第5・第6学年も含めて「ゴール型」「ネット型」「ベースボール型」と呼ぶことになりました。

　こうした変化は，一見すると，わが国のボール運動・球技指導の考え方が，従来の「種目を教える」ことから「学習内容を教える」ことへと重心を移していく兆しのようにも感じられます。しかし，わが国では伝統的に，「教育の立

場から選ばれた運動文化としての運動種目[2]」のことを「教材」と呼んできた経緯があります。そのため，「○○型ゲーム」の授業といっても，そこで実際に行われる活動（ゲーム）をさす場合，「サッカー」や「バスケットボール」といった具体的な種目名で呼ぶことは避けられないようです。そこでは，いわゆる公式ルールに対応した技術・戦術の習得が強調される一方で，「いま・ここ」のゲーム参加者たちが体感する面白さ（魅力，価値）は等閑視されることになるでしょう。あるいは，その種目の技能に秀でた特定の子どもだけでゲームを独占してしまうケースも容易に予想されます。いずれにせよ，「種目を教える」という発想（＝種目主義）から抜け出さないかぎり，全ての子どもに学習（＝意味のあるゲーム参加経験）を保障することはできません。

　このように危惧されることの根本的な要因は，現在広く支持されている分類論が，結局のところ「種目の振り分け」にとどまっているためであると考えられます[3]。なるほどボールゲームは，「明確な達成目標をもち，途中経過がどうなるか定かでない競技形式によって行われる運動遊技[4]」と定義されます。そこで，従来の分類論が「競争の行い方」や「ゲームの外的要素」（コート，ネット，ゴール等の形状など）に着目して分類を試みるのは，いたって自然な成り行きかもしれません。

　しかし，実際にゲームに参加しているプレイヤーの立場に立って考えてみたらどうでしょう。彼／彼女らにまずもって意識される（または前提的に了解されている）のは，相手方との間で「何を競り合うのか」（＝競争目的）にほかなりません。先の定義に出てきた「競技形式」（＝どのように競り合うのか）は，当の目的を達成するための手段として，後から出てくる話です。ボールゲームの歴史が教えるように，競争目的をめぐる競り合いにかかわる人々は，「結果の未確定性」を維持しつつ競り合いが行われるよう配慮しながら，その直接的な対象となる課題（＝競争課題）を定めてきました。そして，そこで合意されたことがらは，やがてルールとして整備されるようになりました。今日，広く知られているさまざまな技術・戦術は，この特定の競争課題を解決するために後から工夫された技法（＝競争方法）なのです。

このような捉え方は，ボール運動・球技指導に関する新たな発想を生み出します。すなわち，同一の種目であっても，そのゲームが具体的にどのようなメンバーによって（＝子どもの主体的条件），またどのような価値を得ようとして（＝競技あるいは学習）実施されるのかに応じて，そこに採用されるべき「うまいやり方」は異なってくる，ということです。したがって，ボール運動・球技の授業づくりを進めるためには，競争目的から出発し，そこから導き出される，「いま・ここ」の子どもたちにとっての競争課題を見定めるとともに，彼／彼女らにとって実現可能な解決の道筋を探っていくことが重要です。本書では，この新たなまなざしからボール運動・球技を捉えていきます。

　なお，ここでひとつ断っておきたいことがあります。本書では，ボール運動・球技の授業で子どもたちが実際に取り組む活動（教材）としてのゲームと，そのゲームのもとになっている制度としての「種目」を明確に区別するため，授業で用いられる活動としてのゲームを「アクティビティ」と呼ぶことにします。例えば「バスケットボール」と呼ばれるゲームが，NBAやオリンピックやバスケットボールの授業で，それぞれ異なるルールのもとで実施されている（にもかかわらず，どれも「バスケットボール」と呼ばれている）ことを考えてみましょう。各々のゲームはそもそも個別の事象ではありますが，一定の制度のもとにあると理解されるので，いずれも「同じ種目」と見なされるのです。そうなると，「種目」という言葉を使って「NBAのバスケットボール」「オリンピックのバスケットボール」「授業のバスケットボール」を識別することはできなくなります。そこで，「授業で行うバスケットボール（のゲーム）」については，本書では「アクティビティ」という特別な呼び方をしましょう，ということです。

（2）ボールゲームの競争目的

　では，実際のところ，ボールゲームでは何が競り合われているのでしょうか。たしかに，種目によって，投げたり，打ったり，蹴ったり，捕ったり……と，ボールの扱い方はさまざまです。また，「どうなったら得点になるのか」につい

ても，種目ごとに大小の違いが見られます。しかし，どんなボールゲームにおいても常にいえるのは，プレイヤーは最終的に次のいずれかを目ざしている（＝競争目的）ということです。

> ①ボールを目的地に移動させること
> ②プレイヤーが目的地まで移動すること

　例えば，サッカーでは，ボールを足で自在にコントロールしたり威力のあるシュートを放ったりすることは，ゲーム展開において優位に立つためのプラス材料にはなるでしょう。しかし，ゲームの勝敗自体は，そのような技能に優れているかどうかではなく，「ボールを相手方ゴールに入れる（＝移動させる）こと」の成功回数によって決定されます。

　また，野球やソフトボールでは，ピッチャーの投げる球がどれぐらい速いかとか，バッターがどれぐらいヒットを打てるかといったことは，ゲームの行方を左右する重要な要因にちがいありません。しかし，ゲームの最終的な勝敗は，あくまで「ホームベースまで走者を進めること（＝プレイヤーの移動）」にどれだけ成功したかによって決定されます。

　なお，プレイヤーの移動を最終目的とするゲームであっても，走塁がただちに開始されるわけではなく，これに先立って，バッターが「打球をフェアグラウンドに接地させる」というしかたでボール移動を成功させることが条件となります（失敗すれば，「進塁を試みる資格」さえ得られない）。したがって，あらゆる球技には，「目的地に向けたボールの移動」が課題として含まれていることになります。

（3）競争課題と成否の未確定性

　ところで，こうしたボール移動の試みがほとんど失敗なく達成されるか，逆に成功することがほとんどないとしたら，プレイヤーはそんなゲームに見向きもしなくなるでしょう。ゲームが「人々を魅了する営み」として成立するためには，うまくいくこともあれば不成功に終わることもあるという具合に，「成

否の未確定性」がほどよく保たれていることが必要です。ボールゲームの場合，その要因として以下の2点が考えられます。

> ①ボール操作が難しいこと
> ②ボールを持たない相手方が防御を行うこと

　例えば，ゴルフやボウリングなど，プレイヤーがそれぞれマイボールを扱うゲームでは，他のプレイヤーが介入して防御行動に及ぶこと（＝②）はありません。ここでもしボールを〈持ち運ぶ〉ことを認めてしまうと，「目的地に向けたボールの移動」はほとんど失敗なく達成されるので，「成否の未確定性」は崩壊します。そこで，投げる，打つ，蹴るなど，ともかくボールを一時的に身体から離して〈送り出す〉こととし，そうしたボール操作自体に何らかの難しさをもたせること（＝①）によって，成否の未確定性を保っていると理解されます。端的にいえば，この種のゲームでプレイヤーが解決しようと取り組むのは「的あて（入れ）」という競争課題です。

　的あて（入れ）を課題とするゲームは，主として小学校低学年段階，すなわち「仲間と力を合わせて」とか「相手チームの守り方に応じて」といった学習課題に入る前の基礎的な段階で，ボール操作技能の習得・習熟を図るための教材として用いられています。もちろん，中学年以降でも，単元の中心的なゲームを視野に入れながら，ボール操作技能の習熟をねらった下位教材（＝ドリルゲーム）として用いることは有効でしょう。

　もっとも，わが国ではボールゲームといえば，「攻防に分かれて1個の球体か球状あるいはこれに代わる物体を係争物にし，得点を競うスポーツ競争（または，競技スポーツ）[5]」と捉えるのが一般的なようです。実際，学校体育で中心的な位置を占めているのも，こうした集団対集団のゲームです。この場合，ボールを獲得した攻撃側とこれに拮抗する防御側は，ゲームのさまざまな局面において展開し，ときには激しいせめぎ合いにさえ及びます。攻撃側にボールの〈持ち運び〉が認められる場合，防御側は身体接触（例：タックル）によって阻止しようとします。一方，攻撃側の〈持ち運び〉が制限され，主として〈送り

出し〉によるボール移動となる場合には，身体接触にも制限が加えられるので，防御は〈送り出し〉の妨害（ボール移動経路の遮断）が中心となります。筆者らは，こうした攻防のありようを図4のようにモデル化して捉えてきました[6]。

なお，本書で使っている「突破」という用語は，「ボールを持った攻撃側のプレイヤーが防御をかわして前進する」という一般的な意味に加えて，「防御をかわしてボール（のみ）を前進させる（ボール保持者自身は前進しない）」ことも含んでいます。

ところで，「突破」を課題として含むゲームの場合，攻撃側は防御側が構成する複数の〈壁〉（＝防御境界面）を順次突破しなければならないのが普通です。例えば，サッカーで，ディフェンスを1人抜いたら後はノーマークというケースは稀で，たいていの場合，次々と別のディフェンスが防御に来るでしょう。つまり，防御境界面は，目的地へのボール移動の成否を最も大きく左右する「最大防御境界面」と，これをサポートする他の防御境界面が何層かに折り重なっているのです。そして，その様態の違いが，さまざまなボールゲーム間でボール操作方法や身体操作方法の違いを生み出していると考えられます（図5）。

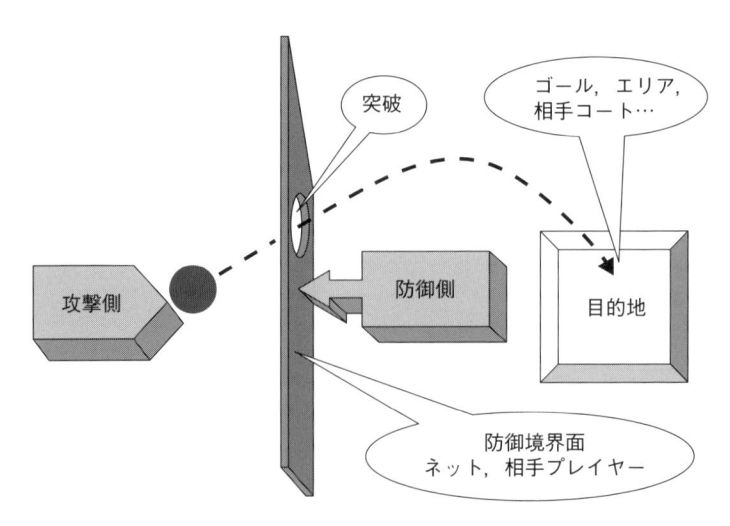

図4　防御境界面の突破

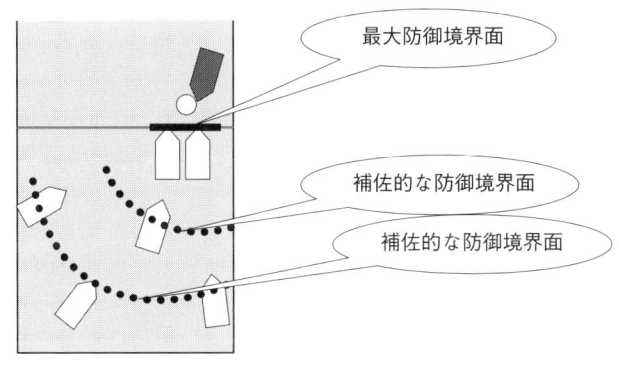

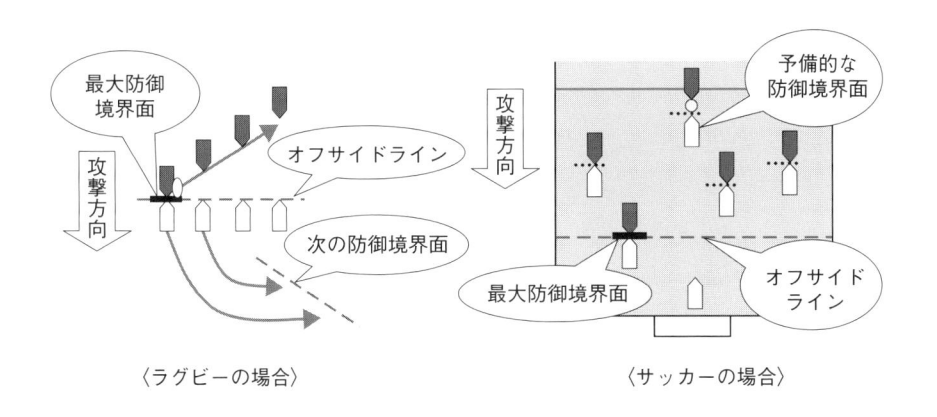

図5　防御境界面の層構造化

(4) 競争課題の組み合わせ

　さて，以上を念頭に置いてボールゲーム全体を見渡してみると，単一の競争課題からなるゲームと，複数の課題が組み合わさって構成されるゲームに色分けすることができます。

　まず，ゴルフやボウリングが「的入れ（あて）」という競争課題だけで成り立っていることはすぐに理解されるでしょう。また，バスケットボールのゲーム

全体から「フリースロー」という要素だけを抜き出して,「フリースロー合戦」のようなゲームをこしらえることもできます。この場合,プレイヤーの試み（ボール移動）はディフェンスによって妨害されるわけではなく,あくまでボールをゴールに投げ込むこと自体の難しさによって成否が未確定となります。つまり,「的入れ」という単一の競争課題で成り立っているゲームということになります。

　次に,バレーボール,テニス,バドミントンなど,攻防が物理的に分離されたゲームでは,「相手コートへのボール移動」の手段は〈送り出し〉に限定されます。プレイヤーは,ネット越しに,相手方プレイヤーに捕られないように,ボールを送り込むことを試みます。また,ラグビー（タグラグビー）では,ボール保持者の位置を基準に自陣と相手陣が区分され,この境界線がちょうど「移動するネット」のような役割を果たします。プレイヤーは境界線を越えて侵入し,相手陣内で仲間からのパスを待ち受けることはできません。したがって,ボールを前進させる（自陣を拡大する）ための手段は,〈持ち運び〉に限定されます。ボール保持者は,相手方プレイヤーの妨害（タックルやタグなど）をかいくぐって,前方への〈持ち運び〉を試みます。いずれにせよ,相対するチームが混ざり合うことなく競り合うゲームでは,「防御境界面の突破」を積み重ねて,目的地へのボール移動を成し遂げることが目ざされます。

　これに対し,バスケットボール,サッカー,ハンドボールなどは,ボールを奪取した地点から何層もの防御境界面を突破してやっとノーマークになっても,さらにゴールを陥れる（的入れ）という別種の競争課題が残っています。学習指導要領では,これらのゲームを「ゴール型」と呼んでいますが,実は,この名前から連想される「シュート」の局面にたどりつくまでの道が,子どもたちにとって大変険しいようです。「ゴール獲得競争」のつもりが,実際には「ボール獲得競争」に終始してしまうのです。この種のゲームが競争課題の組み合わせによって成り立っていることを踏まえれば,「攻撃＝シュート」というよりも,むしろ「ボール獲得〜突破〜的入れ」までを一連の「攻撃過程」と考えるべきです。攻撃過程のどの部分に焦点化した指導がよいのかは,実際にプレイされ

るゲームが雄弁に語ってくれるでしょう。

　一方，ソフトボールなど，学習指導要領で「ベースボール型」に括られるゲームは，先述したように，①バッターが打撃に成功して進塁を開始する（ランナーになる）ことと，②ランナーが進塁を重ねて本塁まで移動すること，という別種の競争課題が組み合わさって成り立っています。プロ野球などの観戦では，「ピッチャーとバッターの勝負」はたしかに見応えがありますが，体育授業でこの部分があまりに強調されると，それ以外のプレイヤーのゲーム参加感は希薄になるでしょう。第一，ストライクがほとんど入らないとかバットで打つことが難しすぎるなど，はなから「勝負にならない」場合も少なくありません。このことは，「打球をフェアグラウンドに接地させる」という課題（突破）の提供に何らかの工夫が必要であることを示唆しています。また，進塁をめぐる競争にしても，「ランナーをなかなかアウトにできない」といった問題状況をどのように改善していくか，授業づくりの大きな課題です。

　以上を踏まえ，本書では競争課題の組み合わせ方に基づき，ボールゲームを次の4タイプに大きく分類しています。

　表1に示すように，各々の競争課題は，その解決方法においていくつかのバリエーションをもっています。その違いは，個々の球技種目の違いとなって具

表1　ボールゲームの分類

競争目的	競争課題	解決方法	アクティビティの例
目的地へのボールの移動	的入れ	・〈送り出し〉	的あてゲーム，ボウリング
	突破	・攻防一体の〈送り出し〉 ・攻撃組立による〈送り出し〉 ・〈持ち運び〉 ・〈持ち運び〉と〈送り出し〉	テニス，卓球，バドミントン バレーボール タグラグビー フラッグフットボール
	突破 ＋ 的入れ	・〈送り出し〉	サッカー バスケットボール ハンドボール
目的地へのプレイヤーの移動	突破 ＋ 進塁	・〈送り出し〉 ＋ ・走塁	ソフトボール

現化し，制度化され，私たちになじみのある「サッカー」「バスケットボール」「ソフトボール」……となっているわけです。しかし，すでに述べてきたように，体育の授業で子どもたちが取り組むのは，これらの「種目」そのものではなく，教材としてのアクティビティです。そこでは，各々の「種目」に特化された技術・戦術が必ずしも「正しい方法」になるとはかぎりません。むしろ，そのアクティビティを通じて，「いま・ここ」のゲーム参加者にとってはどのような競争課題が浮き彫りになっているのか。そして，彼／彼女らがそれを解決するうえで，どんな方法が「ふさわしい」のかが問われることになります。

　したがって，ボール運動・球技の学習指導では，単にどのアクティビティにするかを決めればよいということではなく，そのアクティビティにおいて子どもたちがどのような競争課題に取り組むのかを見すえることが大切です。本書が提案する四つのタイプの競争課題には，ボール運動・球技で教え学ぶべき学習内容が集約されており，そこには種目主義を乗り越えていく可能性が開かれています。

（5）競争の結果を集計する仕組み

　ところで，ここまでボールゲームの競争課題とその解決手続きについて確認してきましたが，実際のゲームでは，ある一場面の競り合いでただちにそのゲーム全体の勝敗が決まるわけではありません。例えば一般的なソフトボールのゲームでは，3アウトごとの攻守交替が7回（イニング）繰り返されます。そして，その間に達成された競争課題（本塁への進塁）の回数が累積され，最終的なゲームの勝者が決定します。このように，一定の課題達成に向けた競争（＝成否の未確定な試み）が繰り返し行われることによってゲーム全体が構成されるという仕組みは，多くのボールゲームに共通しています。

　ここで，一つひとつの競り合いは，「結果がどうなるかわからない」という点で，「サイコロを転がす」のと同じです（図6）。そして，個々の競争の結果をある約束事に従って累積していくのは，サイコロの目に応じてコマを進めていく「双六ゲーム」と同型です。そこで以下，双六の仕組みを参照しながら，

図6　成否の未確定性

ボールゲームで競争の結果がどのようにカウントされ，最終的な勝敗が決まるのかを見ていくことにしましょう。

双六では，複数プレイヤーがサイコロという未確定要素を順次振り合い，出た目に応じてコマを進めながら「あがり」を目ざします。例えば，「バレーボール」という双六（図7）の場合，一つのラリー（サイコロ転がし）が終結するごとに，そのラリーに勝ったチームに「1点」が与えられます（ラリーポイント）。そして，25回のラリーポイント獲得に成功すると「あがり＝セット」となり，両チームのポイントは一旦リセットされた後，「ふりだし」から再開となります。そして，5セットマッチの場合，どちらかのチームが「あがりを3つ＝3セット」先取した時点で，ゲーム全体が終了となります。つまり，「バ

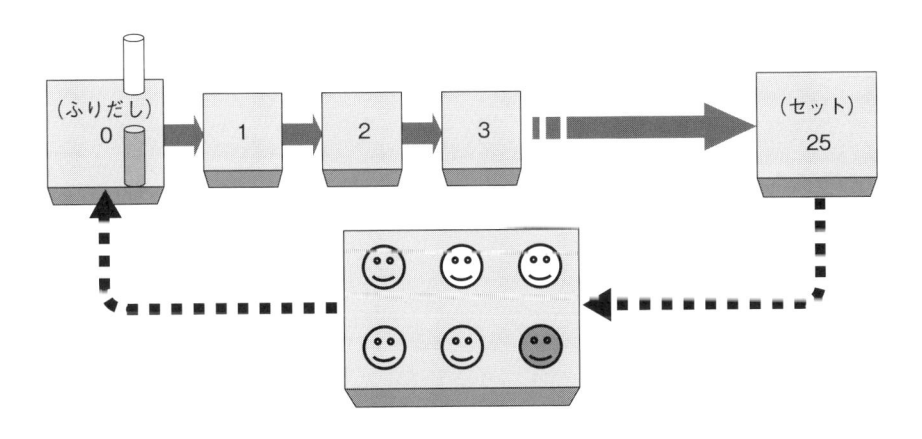

図7　「バレーボール双六盤」のイメージ

レーボール双六盤」には，コマを進める「ふりだし（0），1，2 … 25（あがり）」のマスと，「あがり」の回数（獲得セット数）を書き留めておく記録欄が用意されている，というイメージです。

　体育の授業では，特定のプレイに対する得点の数え方を変更（例：サービスエースなし，スパイク決定は2点など）することによって，焦点化した競争場面が多く出現するよう図ることがあります。また，限られた時間の中で多くの相手と対戦できるよう，「あがり」の条件を変更（例：18点制で行うなど）したり，「あがり」の束ね方を変更（例：勝敗を1セットマッチで決着するなど）したりすることもよく行われます。いずれにせよ，既存のルールに縛られるのではなく，「いま・ここ」の子どもたちに合った特製の「双六盤」を用意することが大切です。

（6）まとめ

　本章ではまず，ボールゲームの競争課題，すなわち子どもたちにとっての学習内容が，①的入れ，②突破，③突破＋的入れ，④突破＋進塁，に大きく分類されることを確認しました。ボール運動・球技の指導で重要なのは，「何と名づけられたゲームをしているか」ではなく，「そのゲーム（アクティビティ）の中で何を学習しているか」ということです。いわば，サッカーの授業で行われているのは，「サッカー」（＝種目）ではなく「サッカー風のゲーム」（＝アクティビティ）なのです。したがって，そこで目ざされるのは，サッカーの公式ルールに従った「正規のゲーム」に近づくことではなく，子どもたちに合ったやり方で「突破＋的入れ」という競争課題を解決していくことです。

　また，ボールゲームが個々の競争（結果）を束ねてゲーム全体の勝者を決定する仕組みになっていることを，「双六」になぞらえて見てきました。ボール運動・球技の指導で大切にされなければならないのは「そのゲームで競り合おうとすることがら」です。これを際立たせ，それに向けた競り合いに子どもたちがうまく参加できるようにするためには，既存のものとは異なる「双六盤」を用意する必要があります。別言すれば，「ルールを守るためにゲームを行う」

のではなく，「望ましい競り合いを実現するためにルールを構成する」という発想に立つということです。

　以上のような観点を備えることにより，従来の「種目主義」を脱却し，「ゲームでは何が競り合われているのか」に焦点化した授業づくりが可能となるでしょう。

（鈴木　理）

〈参考文献〉
1) Griffin, L. L, Mitchell,S.A, & Oslin,J.L. (1997). Teaching sport concepts and skills. Champaign, IL., Human Kinetics.
2) 松田岩男・宇土正彦 編，1981『新版 現代学校体育大事典』大修館書店，p.26.
3) 廣瀬勝弘・北川隆，1999「球技の分類に関する基礎的研究」『スポーツ教育学研究』19(1)：101-111.
4) シュティーラー，G.・コンツァック，I.・デブラー．H：唐木國彦 監訳，長谷川裕・谷釜了正・佐藤靖 訳，1993『ボールゲーム指導事典』大修館書店
5) 稲垣安二，1989『球技の戦術体系序説』梓出版社，p.4.
6) 鈴木理・土田了輔・廣瀬勝弘・鈴木直樹，2003「ゲームの構造からみた球技分類試論」『体育・スポーツ哲学研究』25(2)：7-23.

3

ボール運動・球技の授業はどのように展開されるのか？（展開構成論）

(1) はじめに

　平成20年改訂の小学校学習指導要領では，指導内容の明確化・体系化が提示されました[1]。そこでは，校種間の連携を取りながら，系統性のある指導ができるように，内容の体系化を図るよう明示されています。具体的には，小・中・高校の12年間の学びを，「4－4－4」という4年間の三つのまとまりとして捉え，指導内容の構成が目ざされています。

　ボール運動・球技[注1]では，はじめの4年間（小学校1年生〜4年生）では，主に基本的なボール操作を中心とした個人的な技術習得が目ざされ，次の4年間（小学校5年生〜中学校2年生）では，これまでに習得した個人的な技術を用い，主に友だちと共同しながら，学習指導要領で提示されるボールゲームの各類型（ゴール型・ネット型・ベースボール型）の基本的な課題解決の達成が目ざされ，終わりの4年間（中学校3年生〜高校3年生）では，各類型内における，代表的なアクティビティ[注2]の課題解決の達成が目ざされます。これまで学校体育では，サッカーやバスケットボールなど，具体的なスポーツ種目名が優先し，授業における指導内容や方法が提示されてきました。しかし，平成20年改訂の学習指導要領では，内容についてはゴール・ネット・ベースボールという総称する類型表示で行い，各類型内では同様な課題設定及び課題解決が行われ，かつ，その解決方法はアクティビティ間において一定の転移性があるであろうという仮説を前提として，指導の体系化を目ざすように示されています。

　しかしながら，ボール運動・球技の指導内容の体系化は，容易にできることではないと考えられます。本書は，「ボールゲームで争っていることは何か」という基本的な問いから指導内容の体系化を目ざして挑戦しています。前章まで

に考察したように，ボールゲームは，競争目的から捉え直すと「突破型」「的入れ型」「進塁型」に分類され，各々，競争課題の抽出が可能となりました[2]。本章では，学校体育において実施されている代表的なアクティビティである「突破型」を対象として，その競争課題となる「防御境界面の突破」の構造化を通じて，ゲーム情況において，攻防が対決している様相把握とその発展経緯について考えたいと思います。これを明らかにすることは，ボール運動・球技の授業展開の具体的な構想ならびにカリキュラムづくりの指針を示すことにつながることと考えます。

(2) ボール運動・球技の授業展開を構想することの困難性と可能性

　カリキュラムづくりまで視野に入れてボール運動・球技の授業展開を考えることは，容易なことではありません。ここでは，授業展開を構想するための困難性と可能性について言及をしたいと思います。

　ボール運動・球技の学習は，技術力や戦術力など数多くの変数要素が存在し，それらは複雑に絡み合い，交錯しながら展開されていると考えることができます。とりわけ，そこでは，相手や味方に応じたり，応じさせたりするという「対応関係」が，主たる学習の対象となります。実際のゲーム場面において，その対応関係の立ち現れ方は，多様に存在すると推察されます。

　例えば，子どもが1人でボール遊びを行う場合の「『自分』と『ボール』との対応関係」，ラケットを持ってボール遊びを行う場合の「『自分』と『道具』と『ボール』との対応関係」，2人でキャッチボールを行う場合の「『自分』と『ボール』と『味方』との対応関係」，2人でパスをつなげてシュートゲーム遊びを行う場合の「『自分』と『ボール』と『味方』と『ゴール』との対応関係」，2人で行うシュートゲームに防御が1人伴った場合の「『自分』と『ボール』と『味方』と『ゴール』と『防御者』との対応関係」など，当該アクティビティを成功裡に解決するためには，学習者である子どもが応じるべき対象が山積しているということは容易に理解されます。

　さらに，学習者が応じるべき対象の多くは，一定の場所にとどまらず変動し

ています。そのため、学習者は、結果として、常に情況が変容する場に身を置くことになり、自らがこれまでに獲得した動感身体知を駆使し、「いま・ここ」に対応しながら、課題解決が目ざされることとなります。ここで確認をしておかなければいけないことは、現在の「いま・ここ」という情況は、過去の「いま・ここ」から紡ぎ出され、未来の「いま・ここ」へとつながるであろう、意味ある「全体のまとまりの一部分」、言い換えるならば「全体のメロディーの一部分[注3]」で構成されているものであると把握することです。ボール運動・球技の学習が得意な子どもは、「いま・ここ」の情況把握から、その前後の情況の展開を容易に理解することができます。つまり、そのことは、「いま・ここ」の先取りや後戻りができるということを意味しています。実際の学習場面では、多種多様な課題解決の仕方を見出し、その実行が可能となります。逆に、ボール運動・球技の学習が不得手な子どもは、「いま・ここ」の情況把握から、その前後の展開を見出すことができずに、まさに、現在の「いま・ここ」だけの対応に終始することになります。実際の学習場面では、決まった一つの課題解決の仕方しか実行できないか、または、何も見出すことができずに「動くことができない」ということになる場合もあるでしょう。

　一方、ボール運動・球技の学習において、勝利につながるためのゴールやポイントを獲得するためには、当該アクティビティのゲーム構造、ならびに、その解決方法の把握が不可欠であると考えることができます。つまり、高度な技術力・戦術力を備えた個人・チームであっても、当該アクティビティのゲーム構造の把握なしには、課題となるであろう情況を打破するための具体的な「動きかた」ができないため、得点につなげるべく実践的なアプローチが困難になるといえます。

　例えば、体育授業で実施される代表的なボール運動・球技（サッカー・バスケットボール・ラグビーなどのようなアクティビティ）では、相手との直接的な争奪の中から獲得したボールを相手ゴール（あるいはエリア）に運ぶということが、最重要課題（「競争目的」）となります。ボールを相手ゴールに運ぶためには、そのボールを運ぶことを阻止するべく防御側を、ランニングやパス（味

方との連携を含む）を用いながら避けたり，必要であれば身体接触を用いてはじき飛ばし，相手防御の「突破」を試み，最終的にゴールをねらうための局面創出が目ざされることになります。ボール運動・球技の学習では，この「ゴールをねらうための局面創出」が，ゴールやポイントを獲得し勝利につなげるために，つまり，体育授業を成功裡に展開するための欠くことのできない重要な課題設定要因の一つになると考えられます。

　つまり，前章で提示しているとおり，ボールゲームは，競争課題の特徴に基づき，「的入れ」「突破」「突破＋的入れ」「突破＋進塁」の四つのタイプに大別されます（突破型に言及するならば「突破」「突破＋的入れ」の２タイプ）。ボール運動・球技の学習指導では，どのようなアクティビティを適用するかに先んじて，当該アクティビティにおいて，まずもって，どのような競争課題解決が営まれるのかを明確にする必要があることが理解されます。先に示した四つのタイプの競争課題には，ボール運動・球技で教え学ぶべき学習内容が集約されていると考えることができます。次項では，「突破型」の競争課題である「防御境界面の突破」の構造化を通じて，ゲーム情況における，攻防が対決している様相の把握を目ざしたいと思います。

（3）突破局面を構成する攻防が創り出す「対決情況」

　前章以降，これまでの突破に関する議論では，相対する攻防する二つのチームのうち，目下ボールを持っていない側から見た防御境界面の層構造に着目してきました。この防御境界面の層構造について，確認しておくべき事項が存在します。それは，実際のゲーム場面において，攻防は「相互隠蔽原理」に支配されることを通じ，ゲーム情況そのものを構成するということです。「相互隠蔽原理」とは，一方が立ち現れると，一方が立ち消えるという「現れ－隠れ」の関係原理のことを言い表します。

　一般的に，ゲーム場面において，攻撃側は，「成功裡な防御面の突破」を目標とします。一方，防御側は，「成功裡な攻撃行動の阻止」を目標とします。すなわち，攻防各々は，ゲーム情況に対峙した場合，相手の行動目標とは逆に

意味するであろう行動目標が志向されることになります。よって，攻防各々は，どのようなゲーム情況に直面したとしても，その課題解決の結果の表出が規定されることになります。つまり，当該ゲーム情況の課題解決に勝ち得た側の動きが立ち現れ，負けた側の動きが隠れるということになります。防御面の層構造化発生の前提には，攻防間に発生する「相互隠蔽原理」の存在を無視することができないことが理解されるでしょう。

　攻撃側と防御側は，常に相対する側に対して，「応じる－応じさせる」関係を維持，構築します。その際，一方が現れると，一方が隠れてしまうという役割変換を通じて，対決する情況が創出されます。その結果，図8のような，攻撃側と防御側は，種々のアクティビティに特有の「対決情況」のもとに置かれることとなります[4)5)]。以下，各タイプについて，詳細に検討を加えたいと思います。

　図8のAは，最大防御境界面が防御の最終ラインを形成するタイプです。典

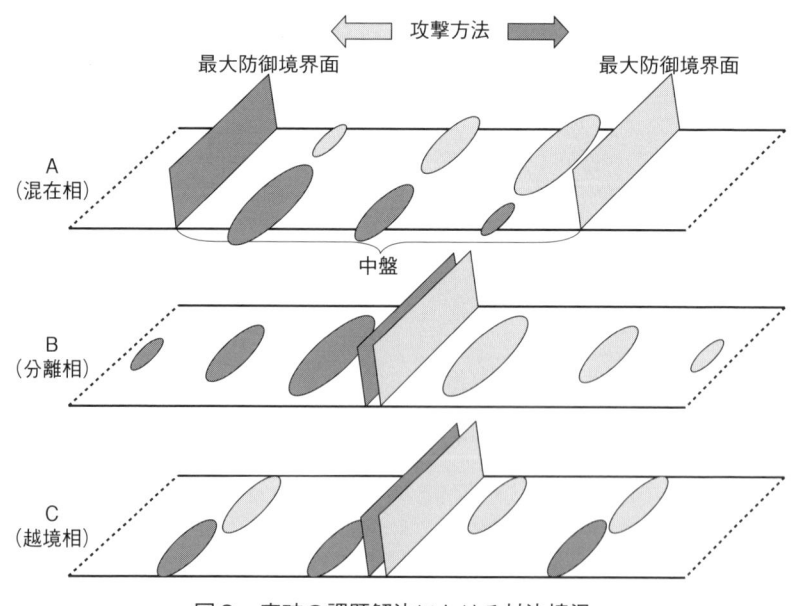

図8　突破の課題解決における対決情況

型例として，サッカー，バスケットボール，ハンドボールなどが想起されます。このタイプのアクティビティでは，ハンドボールのゴールエリアやバスケットボールの3秒制限区域など，特定のエリアにおいては，プレイヤーの立ち入りが一部制限される場合がありますが，基本的には，ボールを中心とした攻防の位置取りに制限はありません。したがって，小学校の体育授業でしばしば散見される，ボールキープ技能の未熟さ故，各所で団子状態のボール争奪局面が発生することになります。その後，一定のゲーム様相の発展が見られ，攻撃側のボールキープが安定してくると，防御側は，ゲームの最終局面であるゴール陥落（失点）を防ぐために，ゴール付近を重点的に，防御を行うようになります。なぜなら，このタイプのゲームの攻撃側は，ボールより前方に出て，ゴール付近で待ち伏せすることを可能としているからです。この重点的な防御の発生が，最大防御境界面を後方に配置する契機となります。

　しかし，ここで，防御側のプレイヤー全員が，横一列になって最大防御境界面を形成するのは効率が悪いばかりか，物理的にも不可能に近いと考えられます（つまり，このままでは，相手ゴールを得ることができません）。そこで，防御側の内部に，ゴール直前に位置取って，最大防御境界面を形成する者と，その前方に，予備的な防御境界面を形成する者との「分業」が生ずることになります。この「分業」が，防御の前方への層構造化の契機となることが理解されると思います。

　ところで，先述のとおり，このタイプのアクティビティにおいては，ボールを中心とした攻防の位置関係に制限はないため，双方のチームの最大防御境界面に挟まれた地域（層構造化された防御境界面が相互に干渉する地域）において攻撃行動が発生すると，攻防が激しく入り乱れる「中盤」の出現が見られます。この点を捉え，以下，このタイプの対決情況を「混在相」と呼ぶことにします。

　図8のBは，最大防御境界面が防御の最前線に位置するタイプです。ここで攻撃側が最初に突破を試みる防御境界面は，すなわち，防御側にとって最も突破されたくない防御境界面（最大防御境界面）になります。最大防御境界面は，

ネットなどの物理的対象を基準に構成される場合（固定）と，ボールの位置を基準とするオフサイドライン等によって構成される場合（変動）があります。前者の典型例は，テニスやバレーボールであり，後者のそれはラグビーです。

　このタイプのアクティビティでは，攻撃側が一定のラインを越えて侵入することは制限されているため，ゴール付近で待ち伏せ攻撃をすることはできません。したがって，防御側は，防御の重点をボールないしボールを保持した攻撃者に置くことができます。ゴール直前を，重点的に防御することはもちろん可能ですが，ゴール付近での待ち伏せ攻撃に備える必要がないことから，防御側にとっては，ゴールからなるべく離れた位置で防御境界面を形成することが，最も効果的かつリスクの少ない防御行動になると考えられます。ただし，防御の最前線にある最大防御境界面が突破されることもあり得るため，その後方に順次，予備的な防御境界面が形成されます。このような防御行動の結果，このタイプのアクティビティにおいては，防御境界面が後方へ層構造化することとなります。

　なお，この場合，攻撃側は一定のラインから前方への侵入を制限されているため，層構造化された防御境界面の狭間で攻撃行動が発生することは見られません。これにより，このタイプのアクティビティには「中盤」が存在しないこととなります。以下，このタイプの対決情況を，「分離相」と呼ぶことにします。

　図8のCは，最大防御境界面の前後にまたがって防御が展開するタイプです。このタイプのアクティビティの典型であるアメリカンフットボールでは，1回の攻撃終了（ダウン）ごとに，攻撃側と防御側は最大防御境界面を挟んで明確に分離し，ここを基点に次の攻防が再開されます。したがって，攻撃側は，最大防御境界面を突破し，ボールを前方に運ぶことが課題となり，防御側は，最大防御境界面を単に突破させないことにとどまらず，ボール保持者を前進させないように阻止することが課題となります。

　ここでの，ボールの移動方法は，「ボールを持ち運ぶこと」と「ボールを送り出すこと」の二者から選択されます。ボール保持者が「持ち運び」によって最大防御境界面の突破を図る場合，相手方の妨害（ボール保持者への接触）を

阻止する攻撃側陣地内のサポート（おとり）と，ボール保持者が突破する道を生み出す防御側陣地内のサポート（ガード）が行われます。また，「送り出し」による突破の場合，ボール保持者は，最大防御境界面から自陣側に後退し，あらかじめ相手陣内に侵入して待ち受けている捕球者に向けてボールを送ることを目ざします。これに対し，防御側は，「送り出し」を試みるプレイヤーに対して，激しいプレッシャーをかけると同時に，待ち受けを試みるプレイヤーに対する防御も行うこととなります。

こうして，「持ち運び」「送り出し」いずれの場合にあっても，最大防御境界面の突破とその阻止をめぐって，自陣から相手陣にまたがって双方のプレイヤーが展開することとなります。そこで，以下，このタイプの対決情況を「越境相」と称します。

上記3タイプのほか，ソフトボールや野球に見られるように，防御境界面の突破（フェアグラウンドへの打球接地）を試みる攻撃側と，その阻止を図る防御側が，周期的に役割交替を行うタイプがあります。この場合，防御側が防御に成功しても，そこから即座に反撃が開始されることはなく，防御の成功が一定回数に達するまで，攻防の役割分担は維持されます。それゆえ，プレイヤーが，攻撃行動と防御行動のいずれに専心すべきかを判断することは容易であると考えられます。このようなタイプを，便宜的に「交代型」と呼ぶことにします。

このように，「対決情況」という視点を設けることによって，球技種目名を冠して規定された特定の競争形式にとらわれるのではなく，ゲーム構造の典型性と独自性においてアクティビティを捉えることが可能となります。すなわち，図9（p.76）に示すとおり，「競争目的」「競争課題」「（競争課題の）解決方法」「対決情況」を基軸に，ボールゲームを構造的に把握することが可能となることが理解されます。このことは，ボール運動・球技の授業展開を規定するための大切な要因であると考えられます。

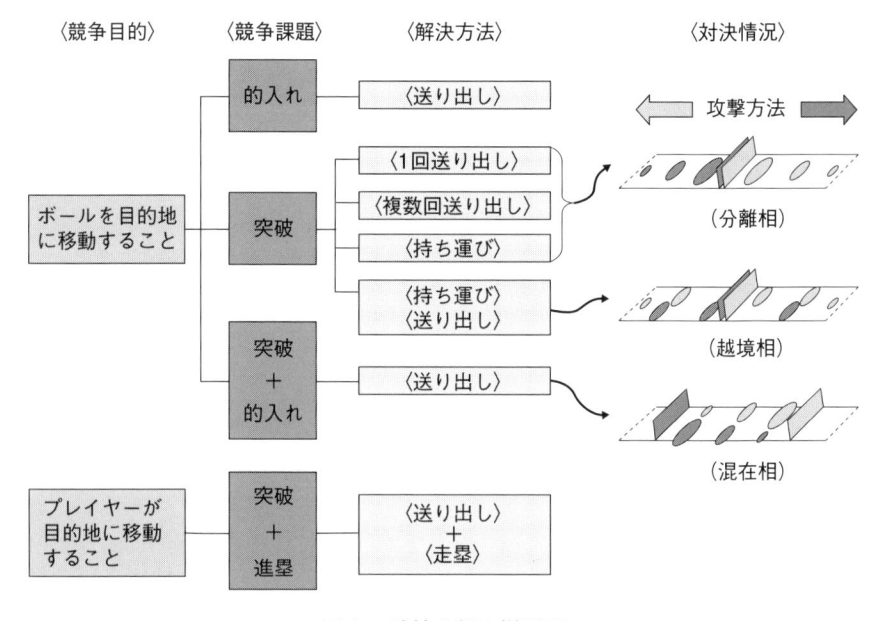

図9　球技分類の樹形図

(4)「対決情況」から導かれるゲームの発展様相

　前項において，詳細に考察した対決情況には，実際のボール運動・球技の授業展開を考慮する場合，留意しなければいけないことがあります。それは，図9において提示した三つの対決情況は，常に，特定のタイプに固定されるものではないということです。つまり，それは連続性を有しており，攻撃において具体的にどのような機能が優先されているのかによって，同一の競争課題のもとでも，その解決のしかたは未分化なものから，高度に分化が進んだものまで連続的な広がりをもつと考えられます。例えば，一般にサッカーと呼び慣らわしているアクティビティには，正式なルールに準拠したゲームだけではなく，フットサルや小学校におけるミニサッカーや簡易なシュートゲームも含まれると考えられることからも理解されるでしょう。

　したがって，表2 (p.77) に示すようなゲームの発展様相が考えられ，これは，ボール運動・球技の学習の展開を方向づける重要な指標になると考えられます[5]。

表2　ゲームの発展様相

Phase 1	プレイヤーの役割が混沌としているゲーム
Phase 2	プレイヤーの役割が分業化されたゲーム
Phase 3	プレイヤーの役割の分業が共有化されたゲーム
Phase 4	プレイヤーの役割の分業が個別化（特殊化）されたゲーム

　これらゲームの発展様相に応じて，プレイヤーに求められる課題解決能力は異なってくると考えられます。つまり，大別すると，Phase 1と2は，主に「個人が基盤となって個人が課題解決を試みるゲーム」であり，Phase 3と4は，主に「仲間と有機的にかかわりながらチームで課題解決を試みるゲーム」として括ることができます。

　では，ここでは，サッカーやバスケットボールについて考えたいと思います。これらは，一般的には「混在相」の対決情況が想起されるところですが，未熟練者が行う団子状のゲームでは，プレイヤーの役割は混沌としており（Phase 1），組織的な防御網は構成されません。この場合，シュートを防ぐというよりは，むしろ，ボールを奪取することが重要となるため，その勝負所（最大防御境界面）は，ゴール付近よりも，かなり前方にせり上がってくると考えられます。すなわち，対決情況は，「分離相」に類似してくるといえるでしょう。逆に，サッカーにおいて，オフサイドルールが適用されていないゲームや，バスケットボールで，団子状を脱してプレイヤーがコート前後に縦長に位置するようなゲームでは，オフサイドライン（サッカー）や防御の最終ライン（バスケットボール）を越えて「待ち伏せ作戦」が行われることがよくあります。

　さらに，バレーボールで生起する対決情況は，一般的には，分離相のごとくイメージされます。そこには，セット，アタック，ブロック，レシーブ等の分業化（Phase 2）や，これを，ローテーションしながら行うための共有化（Phase 3）が前提にされています。しかし，未熟練者のゲームでは，しばしば，サービスが入るか否かで競争結果がほとんど決定づけられてしまう（ラリーがほとんど発生しない）という事態が生じます。また，たとえラリーになったとしても，ネット上の面（最大防御境界面）のボール通過をめぐる攻防というよりは，

むしろボールを床に落とさないという課題解決の可否によって，競争結果が決せられることが多くあります。この場合，たとえボールの支配権を有する（＝ボールが自コート側にある）状態にあっても，プレイヤーの意図は「相手コートを陥れること」よりも「ボールを不用意に失わないこと」に強く傾斜していると考えられます。このようなゲームにおける対決情況は，当初想定された分離相ではなく，最大防御境界面が後方に下がった（双方のチームのコート面まで後退した）「混在相」に類似していると考えられます。そして，そのような情況では，「個人を基盤とする課題解決」が行われることとなります（Phase 1, 2）。この事例は，小学校におけるソフトバレーボールの授業時に，たびたび見られるゲーム情況を言い表しているといえるでしょう。

 対決情況とゲームの発展様相は，高い相互関連性をもちながら変化していくと考えられます。したがって，授業において構成ならびに展開を考慮する教師は，技術や戦術を，単にレベル順に並べて教えていけばよいというわけではなく，実際に行われているゲームの対決情況にかんがみ，当のプレイヤーである学習者に立ち現れる競争課題の内容把握を通じて，どのような課題解決能力に焦点を当てるべきかを見極めていくことが重要であると考えられます。

（5）ボール運動・球技のカリキュラム作成に向けた課題提起

 本章では，競争課題の解決を目ざすプレイヤーの視点からゲームを捉え直し，「突破」という競争課題を含むゲームを対象として，双方のチームが最大防御境界面を基準として防御境界面を層構造化して対峙することにより「対決情況」が発生し，それは「混在相」「分離相」「越境相」という三つのタイプに識別されることを確認しました。

 この三つのタイプは，固定されるものではなく，競争課題の解決における役割分業化の様態を基盤とするゲームの発展様相に対応して，連続的に変化していくものと予見されることは前述したとおりです。この知見の授業実践への適用は，ボール運動・球技の指導内容の体系化に寄与する可能性が高いことが予見されます。これまで種目を学習の対象としていたボール運動・球技の学習で

は，学習展開の具体的な構想については当該種目内だけの議論に終始していました。対決情況から導き出された三つのタイプは，種目に関係なく，学習内容とその展開についての説明が可能になると考えられます。つまり，これまで単に種目を配列することに終始しがちであったボール運動・球技のカリキュラム作成に対し，具体的な学習内容という視点から改善を施すことが促進されることになります。このことは，平成20年改訂の学習指導要領で求められている，ボール運動・球技の授業展開の新たな方向性を示唆することになると考えられます。

（廣瀬勝弘）

〈注〉
1）本章では，学校体育における領域名称である「ゲーム」「ボール運動」「球技」を総称して「ボールゲーム」とします。
2）本章では，スポーツ種目や授業における具体的な運動課題となるゲーム教材などを総称して「アクティビティ」とします。
3）金子は，このことを「運動メロディー」という概念で説明をしています。詳細は参考文献3）を参照ください。

〈引用・参考文献〉
1）文部科学省，2008『小学校学習指導要領解説 体育編』
2）鈴木理・土田了輔・廣瀬勝弘・鈴木直樹，2003「ゲームの構造からみた球技分類試論」『体育・スポーツ哲学研究』25（2）：7-23.
3）金子明友，1987「運動観察のモルフォロギー」『筑波大学体育科学系紀要』10：113-124.
4）廣瀬勝弘，2006「系統性を考慮した授業づくりを」『体育科教育』54-6：14-18.
5）鈴木理・廣瀬勝弘・土田了輔・鈴木直樹，2008「ボールゲームの課題解決過程の基礎的研究」『体育科教育学研究』24（1）：1-11.

4

ボール運動・球技の学習評価

（1）ボール運動・球技の評価は大変？

　ボール運動・球技の評価が他の運動領域に比べて難しいと感じられている方も多いのではないでしょうか。

　何年か前に，バスケットボールのゲームを複数の児童・教師に見せて，その後，活躍していたプレイヤーとよいプレイを評価する実験[1]をしたことがあります。その結果，評価した結果に大きな違いがありました。この実験で利用したゲーム映像において，大多数の子どもと教師経験，運動経験の少ない教師は，ボールを持ったときのドリブルやパス，シュートといった技能が高いプレイヤーを高く評価し，その技能を対象として評価しました。一方で，体育に関心をもって指導してきた経験のある教師やボールゲームのコーチ経験のある者は，ボールを持たず，スペースを見つけて動いたり，スペースをつくるための動きをしていたプレイヤーを高く評価し，ゲームに貢献したプレイを対象として評価しました。また，藤巻ら[2]は，各運動領域での技能にかかわる学習内容を具体的に絵で描いて示し，その達成度に対する認識を子どもたちに自己評価させ，教師には子どもたちを他者評価させ，それらのデータを比較検討しました。その結果，特に，ボール運動・球技にかかわる内容では，結果のパフォーマンスに対する評価に大きな違いがあることを明らかにしました。これらの二つの例は，評価の結果が人によって異なる曖昧性のあるものであることの典型的な例であるといえます。このように，評価した結果は非常に主観的なものであって，学習評価した結果に不安を感じ，心配している先生方が多いように感じられます。実際に，これを理由にして「学習評価は大変である」「学習評価などしないほうがよい」と感じている先生方の声を時折，耳にします。

(2) 学習評価とは？

　学習評価は，「①学習者の自己理解・自己評価の援助，②指導者が指導の成否を確認，③指導要録等の記載に役立てる」という三つの機能をもっているといわれます。このなかでも，①と②が主な機能であって，③は補助的な機能であるといわれます[3]。したがって，学習評価は学習と指導に生かされる重要な役割を担っているといえます。「学習評価が難しい」と考えられるのは，補助的機能である③の機能が強調され，評価の結果を数字や記号に置き換えていく「評定」として捉えられる傾向にあるためと推測されます。つまり，5とか1といった数字やAとかBという記号で提示することに矛盾と変換の不可能性を感じていると思われます[注1]。

　しかし，プケットとブラック（Pucket & Black）[4]が述べるように，評価は学習と指導と一体のものとなっていると考えることができ，指導や学習は，評価するという行為と切り離して考えることはできないといえます。同様に，「指導したことを評価する」「学習を評価したことを次の指導に生かす」といった「指導と評価の一体化」の重要性が体育のみならず，すべての教科で強調されています。これは，①と②の機能が強調されているといえ，学習や指導を「よりよくしていく」ということが背景にあると考えられます。つまり，学習評価は，「よかった／わるかった」「はやかった／おそかった」「上手だった／下手だった」という結果を価値判断するという以上に，「よりよくする」という継続的な動機づけの源になっていく必要があるといえます。この「よりよさ」の方向性を捉えるためには，その「よさ」を示す学習内容をどのように捉えるかが重要なカギとなるといえます。

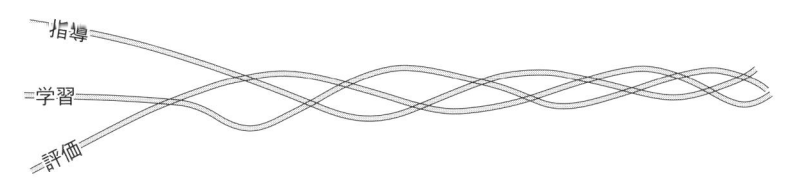

図10　学習と指導が一体となったスムーズな評価プロセス

グリフィン（Griffin）[5]は，種目優先であって，戦術学習が台頭してくる以前の，技能の獲得を重視した授業を行動主義という考え方に基づく「Technical Model（技術学習）」であるとします（表3参照）。

　すなわち，学習内容は種目にかかわる運動技術として捉えられると考えられます。このような教育では，技術を段階的に学習して，ゲームにつなげるようなボール運動・球技の授業づくりが目ざされます。そこで，客観的に子どもが獲得した学習者の技能や知識を検出し，それを把握すること（評価）によって，学習を修正・調整して確実に子どもに伝達していく学習指導を進めるうえで評価が機能するといえます[6]。この場合，ゲームで使用されると考えられる技術や動き方を身につけることが目的となり，「よいとされる動き」がどれだけ正確にできているかによって評価されることになります。そして，その評価によって，「よいとされる動き」に不足していることを補うために学習が展開され

表3　Techinical Model と TGfU モデルの比較（Griffin, 2005；鈴木直樹訳）

		Technical model（行動主義）	TGfU model（構成主義）
考え方の基盤	モデルのイメージ	生産工場（製造モデル）	広場（進歩主義教育）
	身体観	心身二元論	心身一元論
	状況	孤立（コーチングとプロスポーツのつながり）	学校と地域の統合
	教育課程	効率性／軍隊の影響	運動の教育
	経験すること	専門化されたもの（スポーツ）	統合と包括されたプレイ
カリキュラム	目的	知の獲得	意味の生成
	目標	文化を伝承すること	文化を生み出すこと，文化を応用すること
	成果	パフォーマンス	思考と意思決定
	ゲーム配列	シーズンスポーツ	ゲーム構造に基づく分類
教授	指導	教師中心	生徒中心
	指導方法	練習→ゲーム	ゲーム→練習→ゲーム
	学習内容	技術に基づいている	コンセプトに基づいている
	状況	教師と生徒の相互作用	多様なかかわりによる相互作用
	教師の役割	情報の伝達	問題解決の支援
	学習者の役割	受動的に学ぶこと	能動的に学ぶこと
	評価	修正・調整（フィードバック）	学んだことの証明と学びのプロセスへの寄与

ることになります。つまり、学習の結果を評価し（事後評価：エバリュエーション）、不足しているものを補い、あらかじめ設定した動きに近づけていくものであります。したがって、技能の正確な測定によって「指導と評価の一体化」が目ざされることになります。いくつか実際に授業で出会った光景を例としてあげて説明してみたいと思います。

【例1】

A小学校5年生のソフトバレーボールを教材としていた授業で、子どもたちは、授業の前半で、サーブ・アタックの練習を繰り返し行っていました。その後、授業のまとめとしてゲームが行われましたが、特にアタックは練習どおりにはなかなか上手くいきませんでした。ゲーム後の振り返りでは、セッターがボールをトスする位置が悪いという反省が口ぐちに出され、上手にトスを上げる技能に注目が集まっていきます。すなわち、アタックをしっかりと打って得点をとるためには、トスが下手だという価値判断（評価）をしたといえます。そばにいた教師もその言葉を耳にし、「じゃあ、トスをあげる練習をしてみよう！」と声かけをしました。その後、一人ひとりがボールを持ち、ボールをはじく練習をし、二人でパスをしあい、アタックを打つ練習をして次の試合に臨みました。その試合では、競争するというよりもトスを上げることに関心が向けられ、そのチームの攻撃はボールを相手陣に落とす前に、いつでもトスを上げる場面をつくろうとしてミスをして自陣にボールを落としてしまうことが多くなりました。結果的に、ゲームがトスを上げる練習の場となり、競争性が欠けるゲームになってしまいました。

【例2】

B中学校1年生のハンドボールの授業を参観したときのことです。先生は、「今日の課題はパス＆ゴーです。これを決めて得点をしましょう」と勢いよく子どもたちに投げかけました。子どもたちも元気よく「はい」と返事を返し、やる気のある態度がうかがえました。その後のパス＆ゴーの練習も大変意欲的で汗をかきながら、仲間と励まし合いながらやっています。そして、いよいよゲームです。ゲームでは、子どもたちは、いつでも、どこでも、どんな情況でも、パス＆ゴーを頻繁に使用しています。ファストブレイク（速攻）で決められるチャンスでも、

一人でドリブルで持っていけるときでも，常にパス＆ゴーをすることを意識しています。その後のゲームの振り返りの場面でもパス＆ゴーが上手くできたかどうかということで評価をしています（実際には，パス＆ゴーで相手を突破するというよりは，パス＆ゴーの形をとってボールを運んでいくようなゲームになりました）。やはり，このゲームでもゲームの情況とは無関係に「動き方」が強調されて攻防の面白さが欠けていたように思われました。

【例3】

C小学校6年生のサッカーの授業を参観した際に，子どもたちの学習成果を「触球数（ボールに触れた回数）」「得点」「アシスト」の記録から評価していた先生がいました。この学習では，「ボールを操作する技能」に注目が集まっており，ボールに直接かかわることのできた子どもがよい評価を得ることができていました。ところが，実際のゲームでは，ボールが1個しか利用されていないので，多くのプレイヤーがコート内にいるなかでボールを持っている子どもは1人しかいません。つまり，その他大勢（ボールを持っている子以外すべて）はボールを持たずに動いています。5人対5人のゲームをしていましたから，1人がボールを持っているときに残りの9人はボールを持っていない動きをしていたわけです。伝統的な学習の中で典型的な身につけてほしい動き方をあらかじめ設定して，それが確実にできているかどうかで評価がされます。この授業では，「ボールに触れている数」を手がかりにして，ドリブルやパス，シュート，そして，それにかかわることのできる力を推測しています。そのために，ボールの所有権をめぐる攻防にどう参加しているかという複雑な「ボールを持っている動き」や「ボールを持たない動き」が動きの獲得ということによって切り取られて，その参加の面白さが捨象されてしまっている場面も少なからずあるように思われます。

以上あげた三つの例は，エバリュエーションとしての評価にかかわるものです。このような評価の特徴は，あらかじめ評価する対象がはっきりと設定できる場合（情況と文脈に関係なく，いつでも）は，明確に客観的に行うことができると考えられます。しかし，情況と文脈によってその価値が変わるような場合，その評価を行うことが難しいと考えられます。すなわち，ボール運動・球

技のような活動では，情況に大きく左右されてドリブルやパス，シュート，ボールを持たない動きが生まれます。その空間は，いつでも同じ意味をもつのではなく，有意味かつ変化のあるものと捉えられます。

　私は，学生時代にアメリカンフットボールをやっていました。クオーターバックというポジションで，時折，自分自身が走って相手を突破しようと試みました。最初の頃の私はスペースが大きく空いている場所を選択して走ろうとしてなかなか壁を突破することができませんでした。それは，そのスペースがどのように成立しているスペースであるかが理解できていなかったからのように思います。つまり，問題なのは，そのスペースの大きさという物理的な空間ではなく，どのようなスペースであるのかという意味空間であるということです。味方と相手によって「いま・ここ」のスペースがどのように構成されているかに気づくことができるようになってきたときに，自分のプレイが変化し，壁を突破できるようになってきました。

　おかしな例かもしれませんが，真夏の暑い日に湯気が出ているほかほかの肉まんを食べている友人を見かけた場合と，冬のとても寒い日にそれを見るのとでは，みなさん自身が感じる思いが違うのではないでしょうか。ボールゲームでも同じで，情況と文脈に依存して「いま・ここ」があり，そこであらわれるパフォーマンスの意味や価値も変化するということです。

　これまで本書で述べてきたように，ボール運動・球技の学習内容は，技術構造ではなく，ゲーム構造から導かなければなりません。ゲーム構造から考えた場合，「種目優先」ではなく，「内容優先」の授業づくりが求められることになります。グリフィン（Griffin）[7]は，戦術学習に代表されるような「内容優先」の授業づくりでは，「運動の意味の生成」が求められ，「気づき」に基づくゲームへの参加の変化が学習となってきます。すなわち，「公式」のゲームに基づいて内容が構成され，「目ざした姿」への適応を価値判断し，それを改善していく「種目優先」の授業とは異なり，「内容優先」の授業では，「いま・ここ」の「学びの内容」に基づいて「目ざしていく姿」が変化していくと考えられます。

　このようなことから，「種目優先」の評価は，結果を評価する事後評価である

エバリュエーションとして機能することになり,「内容優先」の評価は事前評価であるアセスメントとして機能することになります。簡単にいえば,「種目優先」の授業では,「ゲームで何ができて, 何ができなかったのか(何が成功して, 何が失敗したか)」を評価するのに対して,「内容優先」の授業では,「どんなゲームにしていくのか」を評価していくといえます。例えば,「内容優先」の授業の代表的な例として以下のような授業に出あったことがあります。

――【例4】――
　D小学校6年生のソフトバレーボールを教材としていた授業で, 子どもたちは, 授業の前半で, バドミントンコートを利用して, 4人対4人のゲームを行いました。サーブを受けてレシーブを上げることができるものの, 無理につないでネットにかけてしまって自分たちの陣地に落とすというゲームになってしまっていました。教師は, 外側で自分の順番を待って応援している子どもとともにゲームを観察し,「こんな場面, ○ちゃんならどうする?」と問いかけていました。ときには「先生ならこうやってみるかなあ」などと語りかけ, コートの外側の子どもにも内側の視点をもつように働きかけていたように思われます。徐々に, 子どもからも, 今は「こんなふうにしたらいいかなあ」などと話し合う声が聞こえてきました。ゲーム後の振り返りでは,「ネットを突破して, 相手の陣地に落とすために」安全に突破することが話し合われました。レシーブしたボールを相手に返しやすい状態のときに, 回数にこだわらず, 1回目でも, 2回目でも, 3回目でもいいから返すというように, 次のプレイを評価していきました。この話し合いを受けて, このチームは, チーム内を二つに分けてゲームを繰り返しながら, 返しやすいときとその情況を生み出すためにどのように協力するかを探っていました。そして, 授業の後半のゲームでは, 競争課題をめぐって各々が貢献し合い, ボールを落とし合う楽しさを味わうことのできるゲームへと変化していきました。

――【例5】――
　E小学校5年生のバスケットボールの授業では, 3対3のゲームをしておりました。彼らのゲームは, 全員がボールにひとかたまりになって, 攻防を繰り返しているような状況でした。ボールがドリブルで運ばれることが多く, 相手のミスによって攻防が変化する光景が多く見られました。この時点では, 自分の力を知

り，自分がどう動けばよいかという自己への気づきによってゲームパフォーマンスが発揮されていました。しかし，次第に，ボールを持っているプレイヤーがパスできる位置に動いてボールをもらうようになり，団子状態がかたまりからばらけていくようになります。先生も，「どんな位置に動いてあげるといいの？」などと発問しておりました。子どもたちは，チームメイトへの気遣いをするようになってきました。また，チームメイトとともに発揮される技能が生まれるようになってきました。そして，チーム全体での動き方に注目が移動してきました。このように評価によって戦術的な気づきが促され，実践を通し，繰り返し評価する中で戦術理解が促され，他者との関係の中で自分がどうあるかという「いま・ここ」における自らの学びが展望されました。同時に教師はこのような学びから競争課題の困難性を変化させ，ボール運動の楽しさに触れながら学習を展開できるようにしていきました。

二つの例は，アセスメントとしての評価にかかわるものです。このような評価の特徴は，「いま・ここ」の学習を基点として，何かに気づき，自分の方向性を決めていく評価を行うということです。ここまで説明してきたエバリュエーションとアセスメントの違いは図11のように表せます。エバリュエーションでは，あらかじめ設定した「よい動き」をものさしにして，学習したこと（学習で発揮したパフォーマンス）を価値判断し，評価し，その不足を補って「よい

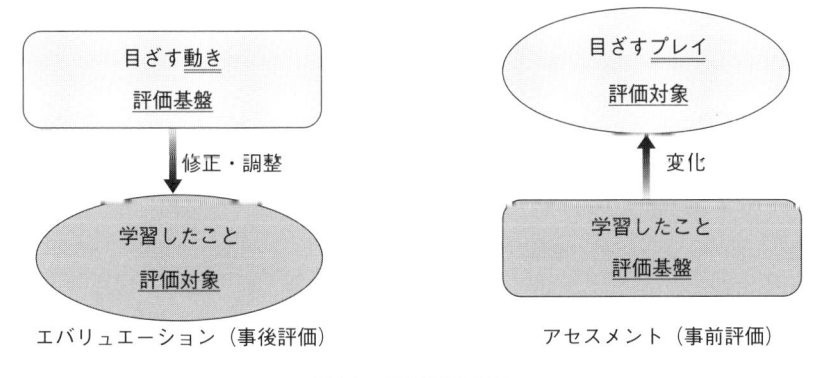

図11　評価観の転換

動き」に近づけるために，「修正・調整」をしていくと考えられます。一方で，アセスメントでは，学習したことを「いま・ここ」の文脈の中で評価し，これからやっていこうとすることを評価し，変化を求めようとします。エバリュエーションが過去を振り返る過去志向型だとするならば，アセスメントは，「いま・ここ」から未来を予想する未来志向型の学習評価といえます。

(3)「何を」「どのように」評価するのか？

それでは，具体的にはどのように学習評価をすればよいのでしょうか？

戦術学習の代表的なモデルとなる「オリジナルTGfU[8]」に基づく授業は，一般的には，①ゲーム，②気づき，③意思決定を学習するゲーム，④評価，⑤ゲーム，といった流れを繰り返して進んでいきます。ゲーム構造に基づく授業づくりでは，その内容が競争目的と対決情況によって導かれるという点で，Teaching Games for Understanding (TGfU) やTactical Games Model (TGM) のような戦術行動における意思決定に注目するモデルとは異なっているとも考えられますが，その授業プロセスは類似していると考えられます。グリフィン (Griffin) ら[9]は，これを社会構成主義に基づく状況論（正統的周辺参加）との関連で捉え，ゲームへのかかわり方，競争をめぐる協力のしかたの変化そのものを学習と捉えています。また，瀧井[10]は，このような協力を戦術と捉えています。したがって，ボール運動・球技では，技術の獲得がその目的となるのではなく，ゲームの中核的な面白さに，他者とのかかわり方，特にここでは，競争課題を達成するために仲間と協力し合うことが，ゲームの対決情況とともに変化していくことが目的となるといってよいと考えます。したがって，投げたり，蹴ったり，捕るというような技能ではなく，ゲームにおけるパフォーマンス，しかも仲間がどのようにかかわり合っているかという相互行為としてのパフォーマンスが評価の対象となります。

また，ボールゲームは，その多くが勝ち負けを競い合うゲームです。そのために，結果による価値判断に強く影響され，結果のよし悪しに注目が集まりがちです。なかには，「勝てばよい」とさえ考える子どもも少なくありません（先

生の中にも「勝敗」ばかりで評価をしている人も見受けられます）。例えば，得点した場面や得点につながったパスなどのほうが，ボールを運んでいくプロセスでパスを通したり，ドリブルで相手を抜いたり，人を上手にマークするよりも高く評価されるのが，その典型といえるでしょう。このようなことを背景に，得点数やアシスト数などをゲームを通してカウントすることも見られます。ゲーム構造論から捉えれば，シュートをして得点を取るということは，競争を一旦リセットして振り出しに戻す行為となります。つまり，競い合いに一端ピリオドを打つということにすぎません。大事なのは，ゲームのスタートからリセットされるまでの中身であって，リセットの回数ではありません。このように，勝敗という結果の評価が強調されすぎてしまって，ゲーム中のパフォーマンスを解釈することを難しくしていることもあります。

　教師が授業のまとめで「次は勝てるように頑張りましょう」「負けたけど次は練習してもっと頑張ろう」などと声かけしている場面がありますが，このような声かけは，結果至上主義を助長している可能性さえあります。この原因は，ゲームの中の競争の面白さという局面を見逃し，最終的な結果の勝敗に重きを置きすぎるために生まれている学習評価の弊害なのかもしれません。すなわち，結果の勝敗のもとに，パフォーマンスのよし悪しを位置づけ，強い弱い，それは何故かという評価の視点からボールゲームにおける学習評価をしていることがプロセスを捨象することにつながっているように思われます。

　ボール運動・球技の授業では，当該ゲーム固有の面白さを競争局面でプロセスとして味わっている世界に学習者がどのように参加しているかということを事前評価としていくことが重要な評価となります。したがって，本書で提示している「ゲーム構造論」は，ゲームの発展プロセスにおいて「競争課題」と「対決情況」からそれを読み解く手がかりを与えられると考えられ，ボール運動・球技の授業における学習評価に明るい光を示すと思われます。

（4）近年のボール運動・球技における学習評価の動向

　2000年代になり，その内容理解にこそ差異がありますが，日本でも戦術学習

などの考え方に影響され，ゲーム中心の授業づくりが標榜されるようになりました（ゲーム構造論もその一つであるといえます）。これは，「子どもが新たな学習を，事前の学習と統合するために，構築するための手がかりとして既知の知識を使い」[11]ながら学ぶという考え方に立ちます。このような戦術学習における学習評価としては，ゲームパフォーマンス評価法（Game Performance Assessment Instrument；GPAI）[12]が提唱されてきました。

　ミッチェルとオスリン（Mitchell, S. & Oslin, J.）[13]によれば「ゲームパフォーマンス評価法は，ゲーム中のスキルや意思決定だけでなく，ボールを持たない動きをも評価するために開発された」と述べています。つまり，情況と文脈と独立した技能の高い低いで評価をするのではなく，実際のゲームの中で発揮される「ボールを操作する技能」（On-the ball skill）と「ボールを持たない動き」（Off-the-ball movement）というパフォーマンスに目を向けることによって真正に評価しようとする立場です。グリフィン（Griffin）らは[14]，この二つのパフォーマンスにかかわる構成要素を表4のように七つのカテゴリから捉えています。

　この評価法は，ボール運動・球技の学習内容を単なるスキルの獲得ではないとし，「ボールを持っている技能」と「ボールを持たない動き」のパフォーマンスへの注目と，戦術的理解に目を向けている点では，「内容優先」の授業展開を支える評価であるように思われます。しかし，これは，幅広いゲームにわたって精通している5人の教師とコーチが，「何がゲームプレイの要素」であるかという質問に対して回答したことをもとに導いた七つの構成要素であり，全てのゲームに適用されない可能性がある[15]と指摘するように，スポーツというアクティビティに依存した構成要素であるという点において問題点があるといえると思います。すなわち，これはゲーム構造を出発点とするのではなく，種目という視点からスタートしていることに変わりなく，技術的アプローチでは，種目に特有の技術を構造化し，グリフィン（Griffin）らの戦術学習では，種目のパフォーマンスを構造化したものになっています。グリフィン（Griffin）ら[16]は，TGfUが，競技スポーツに影響されたものではなく，包括的なレジャー

表4　ゲームパフォーマンスの構成要素

カテゴリ	説　明
ベース	ある技能を発揮し，次の技能を発揮するまでの間のホームポジションあるいはリカバリーポジションへの適切な戻り
意思決定	ゲーム中にボール（あるいはシャトルなど，ボールに相当するもの）などを操作して何を行うべきかに関する適切な選択
技能発揮	選択した技術の有効な実行
サポート	味方チームがボールを保持している場面で，パスを受けるポジションへ移動するボールを持たない動き
ガード／マーク	ボールを保持している相手プレイヤー，もしくはボールに向かって移動している相手プレイヤーに対するディフェンス
カバー	ボールを保持している味方プレイヤーやボールに向かって移動している味方プレイヤーに対するディフェンス面での支援
調整	ゲームの流れに応じた，オフェンスあるいはディフェンスのポジション調整の動き

　スポーツとの関連で捉えられると主張してはいるものの，実際には，競技に特徴的な視点からのゲームパフォーマンスの構成要素が分類されているといえます。しかし，本書で主張してきたように子どもたちが触れているゲームという世界は，子どもたちの中で了解されている競争空間であって，何かのスポーツを目ざすために行われている練習空間ではありません。GPAIはたしかに，これまでのスキル偏重の評価を脱却するうえでは，大きな役割を果たしましたが，「いま・ここ」の子どもの真正の学びを評価するうえでは，未だに不十分な要素をもっています。

(5) パフォーマンスから貢献へ（学習成果）

　ボール運動・球技の授業で目ざすのは公式ルールに従った「正規のゲーム」に近づくことではなく，子どもたちに合ったやり方で競争課題を解決していくことです。本章では，このような学習を，競争課題解決に向けて取り組んでいくなかでのゲーム変化としてきました。ここでは，種目ごとに大小の違いが見られますが，どんなボールゲームにおいても，プレイヤーは最終的に次のいずれかを目ざしている（＝競争目的）わけです。

> ①ボールを目的地に移動させること
> ②プレイヤーが目的地まで移動すること

そして、この競争は、成功したり、失敗したりするなかにその面白さが見出され、ボールゲームでは、競争の未確定性は、以下の2点から保障されます。

> ①ボール操作が難しいこと
> ②ボールを持たない相手方が防御を行うこと

また、前章で示したように、図8（p.72）のような、攻撃側と防御側は、種々のアクティビティに特有の「対決情況」のもとに置かれることとなり、それは、最大防御境界面を基点とし、階層性のある防御境界面によって構成されます[17]。ここにゲームを魅了する競争の面白さを見出すことができ、それは、①最大防御境界面の突破、②防御境界面の突破、といった二つの局面とそれをつなぐ③戦術発揮、といった合計三つの局面によって構成されます。同時に、表2（p.77）に示すような、ゲームの発展様相が考えられます。

これらゲームの発展様相に応じて、プレイヤーに求められる課題解決能力は異なってくると考えられます。つまり、大別すると、Phase 1と2は、主に「個人が基盤となって個人が課題解決を試みるゲーム」であり、Phase 3と4は、主に「仲間と有機的にかかわりながらチームで課題解決を試みるゲーム」として括ることができます。そして、これらは、子どもたちのゲームにおけるパフォーマンスや意思決定において「自分への気づき」「チームメイトへの気づき」「チームメイトと相手への気づき」「仲間、相手と情況への気づき」を変化させていくといえます[18]。このように、評価を行ううえで、運動の面白さを味わっているその局面と子どもたちのゲームにおける気づきに評価の視点を当てることは、学習や指導を支える評価として必要であると考えられます。この気づきは、ゲームにおける情況と文脈の構成に伴って形成されるものであると考えられ、この「いま・ここ」にプレイヤーとしてどうあるかということが評価の対象とされます。すなわち、単に外側から解釈できるパフォーマンスという

枠組みを越え，プレイヤーが「いま・ここ」のゲーム情況で，どのようにゲームに参加したかという視点が重要になります。ここでいうゲーム参加は，対決情況における競争課題を達成するために貢献することであるとも言い換えられます。したがって，ゲームにおける貢献という視点での評価が大切になるといえます。パフォーマンスは，現実のゲームで発揮している技能や動きの出来栄えとして評価の対象となっていますが，それらは独立したものとして定義されがちであり，結果的には，外側に表現されている「形」で評価することにつながります。しかし，貢献といった場合，「いま・ここ」の気づきを伴い，相互行為として「何に」対して，「どのように」かかわって，働きかけているかといった「間」を評価することになります。そのため，GPAIのように，パフォーマンスを定義して，その分類に従って，ゲームを観察し，子どもたちのプレイを評価するというよりは，競争の局面に注目し，そこでどのように協力し合っているか（貢献）を評価することが大切であると考えます。

　以上のようなことから，「ゲーム構造論に基づくボール運動」の授業では，パフォーマンスに注目した「Game Performance Assessment Instrument (GPAI)」ではなく，貢献に注目した「Game Contribution Assessment Instrument (GCAI)」として評価を実施する必要性があります。

　一例にはなりますが，米国体育教師教育学会で，教師の成長を支える評価の視点として発表した観点を基にしたものを表5にまとめましたので，参考にし

表5　貢献を評価する視点 [19]

		攻　撃	守　備
守備突破の場面	A	防御の突破にかかわる貢献（どんな「回り道」をつくりだすか） ＊ゲームの中で攻撃が使った「回り道」や守備が形成させた「回り道」の意味から考える	
得点の場面	B	得点することへの貢献	シュートをカットすることへの貢献
	C	シュートをサポートすることへの貢献	シュートをさせないポジションをとることへの貢献
戦術発揮の場面	D	意思決定を容易にする貢献	意思決定を容易にする貢献
	E	状況に応じたポジショニングへの貢献	状況に応じたポジショニングへの貢献

てください。

　目安になりますが，小学校1年生から4年生では，Aのみを評価の視点としていきます。また，小学校5年生と6年生では，A＋B＋Cの攻撃に絞って評価していきます。中学校1年生と2年生では，A＋B＋Cを評価の視点とします。中学校3年生から高校3年生では，AからCも内包してD＋Eの視点から評価します。このような視点に立つ評価によって，「気づき」に基づくゲーム参加の深まりを促すことができると考えます。

(6) 授業実践の紹介と実践化に向けて

　具体例として，2009年12月と2010年3月にGCAIを導入したA小学校5年生のゴール型のボールゲームを紹介します。

　12月の授業（タグラグビー）では，守備に注目して，「①ボールを持っているプレイヤーを前進させない。②ランやパスで突破されないようにカバーしている。③①と②を協力して行っている」といった貢献に注目をすることにしました。ゲームは一つのエピソードで，攻撃権を交替するようになっています。学習は，「見る」→「振り返る」→「評価する」→「試してみる」によってゲームが繰り返されます。その結果，子どもたちに，貢献の仕方としての戦術的気づきを促し，教師は観察をゲームの改善に生かすことができるようになっていきました。3月に行った授業（バスケットボール）では「ゲームで役立っている動き探し」を評価として捉え，貢献についての認知を子どもたち間・教師と子どもたち間で交流させ，相互評価をさせました。また，評価の方法では，単元前半は「見る」，後半では「見て，書き留める」へと変化させていきました。この授業者は，「普段以上に，子どもたちの戦術的気づきが促され，学習における発見ができているような授業となり，今まで気づくことのできなかった子どもの活躍を理解することができた」と回顧しています。GCAIが，戦術的気づきとともに，パフォーマンスの高まりにつながり，GCAIが「学習と指導と評価の一体となった授業」の具体化に機能しました。

　このような実践を行うための手続きと簡単な方法を以下に記します。

① ゲームアクティビティ固有の面白さと子どもの実態から,「守備突破の場面」「得点の場面」「戦術発揮の場面」の三つの場面における「貢献」する姿について想定をし,注目したい「貢献」を決めます。
② 「貢献」する姿を観察する際の視点を二者択一ではなく,思考に基づく解釈を伴う視点として設定をします。
　例:×空いているスペースに動いて仲間をサポートすることができる。
　　　○ボールを持っていない時に,スペースを「どのように」使って仲間をサポートしていたか?
＊より簡易化する場合は,ルーブリックを用いて,「貢献」の様子を複数の評価規準で表すことも考えられます。
③ PDCA (Plan→Do→Check→Action) ではなく,PDIAC (Plan→Do→Interpret→Action→Check) の流れで評価計画を作成します。
④ 観察は,全体のゲームの流れが見える場所で行います。

　ゲームにおけるパフォーマンス発揮は重要といえます。ただ,パフォーマンスを強調しすぎることによって,ゲームに集い合う子どもたち間のつながりが見えにくくなっているように思われます。やさしい真正の評価を実現するために貢献に注目したGCAIは重要な評価ツールになるといえるでしょう。

(鈴木直樹)

〈注〉
1) あるとき,私は公開授業研究会にお邪魔した際,私が学習評価の研究をしていることを知った授業者の先生が,「誰もが同じように客観的に簡単に測定できるツールを開発してください」とお願いをされたことがありました。この言葉に,先生方の学習評価に対する認識と切実な願いが込められているような気がします。

〈引用・参考文献〉
1) 鈴木直樹・森博文・菊原伸郎・今村望太郎・成家篤史,2009「観察行動における教師のエクスパティーズの検討～ボールゲームの観察行動に焦点をあてて～」『埼玉大学研究紀要』第58巻第2号.

2) 藤巻公裕，鈴木直樹，常木誠司，2007「児童と教師の運動技能評価の一致度に関する研究」『埼玉大学研究紀要教育学部（教育科学）』第56巻第1号．pp.155-162.
3) 宇土正彦，1981『体育学習ハンドブック』大修館書店
4) Pucket & Black (1994) Authentic assessment of the young child：Celebrating development and learning. New York：MacGraw-Hill.
5) Griffin, L. & Butler, J. (2005) Teaching Games for Understanding：theory, research, and practice. Human Kinetics；USA. p.37.
6) 佐伯胖，1995「文化的実践への参加としての学習」佐伯胖・藤田英典・佐藤学編『学びへの誘い』東京大学出版会
7) Griffin, L. & Butler, J. (2005) Teaching Games for Understanding：theory, research, and practice. Human Kinetics；USA. p.37.
8) Thorpe, R., Bunker, D., & Almond, L.(Eds.). (1986). Rethinking games teaching. Loughborough：University of Technology, Loughborough.
9) Griffin, L. & Butler, J. (2005) Teaching Games for Understanding：theory, research, and practice. Human Kinetics.
10) 瀧井敏郎，2008「ボールゲームにおける戦術学習とはなにか？」『こどもと体育』No.146. 光文書院
11) Griffin, L. & Butler, J. (2005) Teaching Games for Understanding：theory, research, and practice. Human Kinetics.
12) Griffin, L. & Butler, J. (2005) Teaching Games for Understanding：theory, research, and practice. Human Kinetics.
13) Mitchell, S & Oslin, J. (1999). Assessment Series - Assessment in Games Teaching. NASPE National Association for Sport and Physical Education
14) Griffin, L. L., Mitchell, S.A., & Oslin, J. L.(1997). Teaching Sport Concepts and Skills：A Tactical Games Approach .Human Kinetics.
15) Griffin, L. & Butler, J. (2005) Teaching Games for Understanding：theory, research, and practice. Human Kinetics.
16) Griffin, L. & Butler, J. (2005) Teaching Games for Understanding：theory, research, and practice. Human Kinetics.
17) 廣瀬勝弘，2006「系統性を考慮した授業づくりを」『体育科教育』54-6：14-18.
18) Pagnano-Richardson, Karen & Henninger, Mary L.(2008) A model for developing and assessing tactical decision-making competency in game play. The Journal of Physical Education, Recreation & Dance. Vol.79.
19) Suzuki, N & Davis,T. (2009) An Assessment Tool for Promoting Observation during Ball Game Units - For Professional Development-. Physical Education Teacher Education Conference. Myrtle, SC.（2009年10月10日発表）

第3部

授業実践事例

◎実践事例：1
ゴール型のゲーム（作戦の効果を実感できるバスケットボール風ゲーム）

子どもの実態

　この実践は，新潟県上越市立大潟町小学校の平成19年度5年生の体育の記録です。大潟町小学校はこの地域では比較的大規模な学校です（平成20年度児童数551名）。

　この学級は，男子19名，女子13名，計32名で構成されています。担任の先生は山田伸吾先生，平成18年度，上越教育大学大学院で2年間の研修を修了し，平成19年度に着任したばかりです。

　はじめてこの学級の体育を参観した記録者の感想は，「元気，元気すぎる！」でした。5年生ともなると，女の子はみんなすごく大人びていて，列の後ろで少し斜めに座って先生の言うことを聞いていました。対照的に，男の子たちは元気すぎて，まるで小熊がじゃれあっているような光景です。おとなしくていい子で，先生の言うことならなんでもキビキビ聞き入れます！という感じではありませんでしたが，動きたくてウズウズしているのがわかります。

　単元が始まった時点で，ミニバスケットボールの教室に通っている子はいないと聞いていましたが，少年野球や少年サッカーで活躍している子が何人かいて，とても活発でした。

子どもの実態を踏まえた「学習してほしいこと」

　この学級で男女混合チームでバスケットボール型のゲームをするとなると，元気（すぎる）な子どもの反則などをきっかけに，うまくゲームができないかもしれません。山田先生は，細かいバスケットボールのルールを指導するのではなく，「乱暴なプレイはだめだよ」とか「ぶつかったら，ちゃんと『ごめん！』

と謝ろうね」と指導していました。ゲーム前後の整列や礼もきちんと指導していました。また，いいプレイがでたらアメリカ流に「ハイ・タッチ」をチーム全員でやって，一人ひとりがチームのメンバーであることを大事にしていました。

　上記の様子から，山田先生は，「メンバー一人ひとりがきちんとゲームに参加して，仲間と上手に遊ぶ」ということを大事にしていたことと思います。

　授業に先立ち，山田先生と相談し，この学級には，チーム内ゲーム（scrimmage）という，ゲームと学習集団を一体化する方策を入れて，過度の競争から生じる圧力を軽減しながら，ゲームの過程を楽しめる授業にしようということにしました。また，子どもたちが「いま」もっている技能を大切にしつつ，自分たちでゲームの様相を操作（作戦の立案）しながら，ゴール型のゲームの仕組みを実感するような授業を計画しました。

　そして，最終的に，ボールゲームに苦手意識をもった子どもが，「自分も，みんなに溶け込んで，やれるぞ！」という，運動に対する有能感を高めてくれるような，そして，得意な子どもは得意なりに，「おっ，これなら自分にもわかるぞ！」と，種目の枠を越えて協働できるような授業を計画しました。

　ここで，過度の競争から生じる圧力を軽減しながら，ゲームの過程を楽しめるゲームと学習集団を一体化する方策，チーム内ゲーム（scrimmage）を簡単に紹介しましょう。

　チーム内ゲームとは，一つのチームを二つに割って行うゲーム，という意味です。通常，「正しい」スポーツ大会というのは，どこからか集まってきたチームが，大会の会場で対戦します。これはチームとチームの間で戦われる，チーム間ゲームと考えることができます。

　対照的に，子どもたちが小学校の休み時間や放課後に集まってボールゲームをするときは，まず，遊ぶための遊戯集団が形成されます[1]。そしてジャンケンなどで集団（チーム）が二分割されます。そういう手続きをもってようやくゲームが実施されます。ですから，遊戯集団が一つのチームと考えれば，実は子どもたちの遊戯活動は，内輪のゲーム，すなわちチーム内ゲームが基本とな

ります。内輪ですから，子どもたちのゲームはあまり勝敗の結果にこだわりません。しかし，戦術的思考はかなり発達します[2]。

よく，ボール運動の単元では，4人対4人でゲームをさせたいときは，欠席者を見込んで5人とか6人のチームをいくつか編成し，チーム間のリーグ戦とか総当たり戦を計画する例が見られます。しかし，チーム内ゲームを単元に組み込むためには，4人対4人のゲームなら，最低8人のチームをいくつか編成します。

今回の単元計画をご覧ください（図1）。最初の3回はすべてチーム内ゲームです。どこかのチームと勝敗を争うのではありません。自チーム内で，ゲームの様相を操作する（作戦の立案）ことを覚えます。しかも，同じチームのメ

元気よく・考えて・協力してバスケットボール型のゲームを楽しもう！
そのために

何人で守れるかな？	速攻を出そう！	サッカーのポジションを参考に役割を決めてゲームをしよう！
今回の学習では4対4でゲームをします。相手のシュートが遠くからシュバシュバ入らなければ4人で守る必要はありません。 では，何人なら守れるのでしょうか？	速攻とは，相手のシュートをすばやくリバウンドして，待ち伏せしている味方にパスをして，シュート！ 要するに，相手が守備に戻る前に，速くシュートまでもっていくことです。	サッカーみたいに ○攻撃する人（フォワード） ○パスを中継する人 　（ミッドフィルダー） ○防御する人（バックス） という具合に分業して，役割をはっきり決めてみれば動き方もわかりやすいよ！

〈学習の流れ〉

1	2　　3	4　　5　　6	7　　8
〈試しのゲーム〉 ○オリエンテーション ・学習の進め方とねらい ・一応のルールの確認 ・試しのゲーム	〈チーム内ゲーム〉 ○チーム内で役割を決めて，自分たちの戦術を試しながらゲームを楽しもう！ ☆何人で守る？ ☆役割は？ ☆どんなふうにパスをつないで速攻を出す？	〈チーム間ゲーム〉 ○自分たちのチームの戦術を生かして，相手チームとゲームをしよう！ ●総当たり戦	〈チーム内ゲーム〉 *役割をシャッフル ○対戦したチームの戦術を試したり，役割を替えながら，チーム内ゲームを楽しもう！

図1　G小学校の授業計画

ンバー，すなわち内輪のゲームですから，みんなで協力してゲームをすることを学べるはずです。

授業を通し，教材（教師や仲間，環境も含む）とのかかわりの中で，子どもが拓いていった学習（教師のリフレクション）

　授業はチーム内ゲームで緩やかに始まりました。はじめ，子どもたちはチーム内ゲームというやり方に戸惑ったようでした。山田先生は，「だいたい同じくらいの強さになるように」とチーム分けの指示をしていました。「味方と戦うの？」とか，「男女でチームを分けちゃおう」とか，子どもの反応はさまざまでした。最終的に，「休み時間みたいにね！」という先生の一言が，すべてを払拭するきっかけになりました。子どもたちは，①何人で守れるかな？　②速攻を出そう！　というたった二つの課題を手がかりに，ゲームの様相を操作していきました。特に，①の発問は，子どもたちの作戦立案に具体性を与えます。

　これまで，バスケットボールは全員で守って全員で攻める！　と決めてかかっていた子どもたち。しかし，そんな既成概念を山田先生が自ら壊しての発問でした。山田先生は，学生時代までバスケットボール一筋，教職に就いてからもミニバスケットボールのコーチとして名高く，地区の大会でもチームを優勝に導く名将です。その先生から「何人で守れるかな？」という問いが出た瞬間，「これは自分たちのゲームがつくれそうだぞ」と，子どもが解放された瞬間でした。

　この日，子どもたちのゲームは，縦型の分散配置になる傾向がありました。つまり，2～3人で守って，ボールをとったらすぐに1～2人が待ち伏せし，長いパスで速攻を出すという作戦です。全員で守らなくていいなら，どちらかというと「攻め専門」となる子どもがいたことになります。

　この日の学習記録を見ると，女子のFさんは，「わかったことは，自分だけでゴールまで行かないで，仲間とパスをしあい，協力すること」と書いています。よく，ボール運動・球技の授業では，先生が主導して「パスを出そう！」というスローガンを掲げていることが多く見られると思います。でも，この日のF

さんは，待ち伏せする味方にいかにすばやくパスをするかが，速攻のカギだと実感したようです。男子のKさんも「パスをつなげて，シュート!! ができるようになった！」と記録しています。前半部分の「パスをつなげて，シュート!!」とは，このKさんのいるチームの作戦を表しています。この日の子どもたちは，「何でパスなのか」を実感したのでしょう。一人がドリブルでもっていくより，速いし，楽だからです。

　ちなみにこの日はチーム内ゲームだったせいか，ファウルもなければ，もめごともなく，得点板を使ったチームも皆無でした。

　第2回目は，作戦板を導入しての授業でした。みんな，作戦板を中心に8人が顔を合わせて会議をします。敵も味方もない，これから戦う全員で会議をするのがチーム内ゲームを導入したときの特徴でもあります。

サッカーでバスケットボールを考える？

　あるチームの作戦板をのぞくと，「FW，MF，DF」と書かれてありました。これはサッカークラブに入っているYさんが書いたものです。記録者が「MFって何？」と聞くと，ある女子が「ミッドフィルダーって意味よ！」と答えてくれました。つまり，このチームはサッカーの人員配置で作戦を立案していたことになります。

　このFW，MF，DFという分業が，当初，子どもたちをコート内の「場」に縛りつけていました。つまり，子どもたちはポジションを，コート内のある「地点」と捉えたのです。しかし，この授業の中で，欠席者がいたために7人となったチームが，4人対3人でゲームをしているとき，面白いことに気づきました。3人のチームが「地点」にとらわれて動かないと，まったくパスがつながらないのです。しかし，3人のチームは自分たちで何とかパスをつなごうと，自分なりに動きを工夫します。すると，パスがつながるようになったのです。この3人は，FW，MF，DFというポジションが，自分の担当する「地点」ではなくて「機能（役割）」であることに気づきます。つまり，相手のシュートがはずれてボールを奪取したDFが，待ち伏せするFWにパスをして速攻を決める。

それが繰り返されると，相手に「傾向と対策」を立てられます。つまり，ワンパスの阻止です。そこで中継ぎであるMFが必要になります。3人の子どもたちは，ただ3人が縦に並んでパスをつなげばいいという考えから，「【こっち】から【あっち】にボールを運ぶ」というゲームの突破課題の中で，「①ボールの投げ手」と「②ボールの受け手」と「③つなぎ手」という機能（役割）を分業していることに気づいたのです。

　それ（機能）さえわかれば，あとは少しくらい「地点」からはずれても，味方をサポートしてボールをもらい，次の人につなぐということを覚えるのに，あまり時間はかかりませんでした。それが証拠に山田先生は，「空間の使い方」とか，「ボールのもらい方」などという分解練習はほとんど行わなかったのですから。

　そのうち，相手の誰がうまいかということに話のテーマが移行します。Eさんは，相手チーム（チーム内ですが）のSさんが上手だと気づき，「Sさんがすごいなと思った」と発言しています。

　単元が進み，いよいよチーム間ゲームです。これまでの3回のチーム内ゲームで作戦の立て方，つまりはゲームの操作の仕方を覚えた子どもたちは，はじめて対戦する相手に対して，①何人で守れるか，を決めるために，ゲームの傾向，つまり，「誰がすごいか」に注目しだしました。そして待ち伏せを決め，自分たちはどうやって役割を分担するか決めていました。

　この日のゲームの記録を見ると，不思議と女子が多くシュートしていることがメモされていました。おそらく，どのチームも，「中継ぎ（MF）」がいちばん大変ということがわかってきたのです。それで活発に動ける男子が，中継ぎになるケースが増えるのでしょう。みんな勝つために作戦を考えるのだから，ある意味，自然な成り行きです。この日のゲームでは，もう一つ，特筆すべきことがありました。それは，ボールを持った子どもが，すぐに前を向いて待ち伏せしているはずの仲間のFWを探していたことです。ボールを持ってもどこに出していいかわからず，めちゃくちゃなパスをする子どもをよく見ます。しかし，このサッカー型の分業制の作戦は，「前に誰かいるはずだ」という確信

を子どもがもつことができることから，目的意識をもって周囲を見る子どもが増えるのです。「空いている人を探そう，ほら，そこが空いているじゃないか」なんて教えなくても，子どものほうがわかっているのです。
　この日はチーム間ゲームでした。授業の記録にはファウルに基づくトラブルの記録はありませんでしたが，山田先生が「今日のゲームで困ったこととかあったかな」という問いに「ファウル！」という発言がありました。
　この後のチーム間ゲームは，「相手に応じた作戦を立てよう！」というテーマの中で進行しました。各チームは，相手のポイントゲッターや，その人への対策を記入するシートを配付されました。そして，同じチームと連続2試合して「傾向と対策」を練る2ゲーム制が導入されました。相手の傾向を探るには，連続して対戦したほうがいいという，山田先生のベテランらしい発案です。各チームは，相手に勝つために，敵のポイントゲッターを探り，その相手のエースを何人で守るか，とか，守りのうまい者をぴったりとマークさせようなどという作戦で戦い，勝敗を競いました。どこのチームも負けたくないので，守りを固める。そのようななかで，単純な待ち伏せ速攻が有効性を失い，パスをしたMFが，自身もゴール前に駆け込んでボールをもらいシュート！（パス＆ラン）などという光景が記録に残っています。しかし，この時点で，山田先生から「パス＆ランをしましょう」などという指示や分解練習はしていません。すべて，子どもの手による「傾向と対策」なのです。
　チーム間ゲームの最終日，「やはり勝ちたい！」という思いが前に出すぎて，待ち伏せしている子どもにパスを出さないで自分でドリブルからシュートまでいく子どもも若干見られましたが，活発な男子が中継ぎを務めるチームがやはり多いのです。自分で工夫して動いてパスを受けようとしている子どもが見られたという記録も残っていました。子どもが「役割から動き方を学んでいる」瞬間です。
　途中，山田先生から介入がありました。「『誰を押さえようか』ってのも，立派な作戦なんだよ」面白いことに，この学級の子どもは，ポイントゲッターに対処する，といった「傾向と対策」を作戦とは認識していなかったようです。

何人で守れるかということと，速攻を出すための役割分担のみを作戦と勘違いしていたのかもしれません。授業の最後に形成的授業評価「運動・作戦」の得点推移を調査していましたが，この学級は，やや停滞気味だった理由が判明します。誰がどう見ても，みんなで一所懸命に作戦会議をやっているし，その評価までしっかりしています。女子の1人から，「守りばかりだとつまらない」という感想が聞かれました。これは当然です。分業による学習は，学びやすい面もありますが，役割がずっと固定されたらつまらないこともあります。これは予測済みでしたので，次回からはチーム内ゲームに戻し，役割交替や，敵が使った作戦の試行を行うことになりました。

役割の交替

いよいよ役割交替のチーム内ゲーム。この日は割り箸でくじ引きを行い，これまでのチームを解体しました。くじ引きは大盛況でした。そして新しいチームで，できるだけこれまでやらなかった役割を試すチーム内ゲームを実施しました。一つのチームが7人（風邪等で欠席者がいたため）になってしまったのですが，チーム内ゲームでチームを分割するとき，女子から「いいじゃん，3対4で！」という声が上がりました。人数を同じにすることだけが平等じゃない，ということを，チーム内ゲームの中で子どもたちが実感したようでした。

最終日，「いろいろなチームの作戦をシェアしよう」と題して，チーム内ゲームが行われました。くじ引きで即席チームをつくり，それをさらに二分割します。1試合めは自分たちが立てた作戦でゲームを行い，2試合めは相手に先程の作戦を公開してからゲームを行いました。最初の試合が終わった後，相手の作戦会議で使ったシートが公開されます。「ああっ！こいつがマークされている！」「よーし，止められるもんなら止めてみろ！」などと歓声が上がります。そしてすぐに相手のポイントゲッターを選定し，マークを決めたり，「ジャンプボールをわざとはずして，後から俺がとる！」なんて作戦も出てきました。やがて2試合目が始まります。ゲームはかなり盛り上がり，チーム内ゲームといっても少々ファウルが出る様相で，1回だけ山田先生が笛を吹いてファウル

を指導するケースもありました。また,「止まったままだとボールがもらえないよ」とここではじめて山田先生から動きに対する指導がありました。そして,待ち伏せしている人の前の空間にボールを投げて,走ってそれをとってシュート,というプレイが紹介されました（それ以前にもそうしているチームが多かったのですが）。この介入は,山田先生が「空間の使い方」に関して行った唯一の指導だったと思います。その後,女子がボールの受け方で男子と駆け引きをしている姿が見られました。技術がゲームと乖離していない姿です。それと,空間の使い方の指導にたどりつく前に,この大潟町小学校の子どもたちは,十分にゲームを経験していること,そして自分の役割がよくわかっていること,の二点があるため,この後,各自がボールを受けるための動きを自分の必要に応じて工夫している姿が各所で見られました。繰り返しになりますが,山田先生は空間の使い方,動き方を,ほとんど単元内で指導していません。

　最終的に,各チームのゲーム中での布陣は,縦型分散配置がやや解消傾向になり,限りなく4対4のハーフコートゲームに近くなっていました。お互いに攻撃も防御も上手になって,「何人で守れるか」という問いに,自分たちなりに答えを出したからです。相手の速攻が増え,攻撃の効率がよくなったことと,待ち伏せに「対策」が立てられ,中継ぎを中心とした短いパスでのボール移動が増えたことで,ロングパスによる速攻は減少しました。攻撃と防御の分業は残っているものの,余力があるときは攻撃と防御の両方に参加する「必要性」に気づき,ゲームの様相が縦型から変化したようでした。最終回のゲームは,チーム内ゲームという「内輪」のゲームであるはずでしたが,大盛況のうちに終了し,この日の子どもによる形成的授業評価の「成果」は急上昇して単元を終了しました。

　　　　　　　　　　　　　　　　　　　　　　　　　　　　　　（土田了輔）

◎実践事例：2
ベースボール型のゲーム（走者と守備の対決場面に焦点を当てたハンドベースボール）

子どもの実態

　この記録は，平成19年度上越教育大学大学院修士論文に基づいています。論文作成者は新潟県の小学校教諭・大友宏幸先生です。大友先生は，この本の執筆者の一人，土田のゼミに所属し，この研究を完成させました。実践は，新潟県のM小学校5年生29名（男子13名，女子16名）を対象に実施されました。授業者は前出の大友先生です。M小学校は山間地ののどかな地域にある学校です。

子どもの実態を踏まえた「学習してほしいこと」

　大友先生は，ご自身，高校，大学と野球一筋でしたので，野球離れが進む現代の子どもたちに，このゲームの楽しさを学んでほしいと，このテーマを選び，研究を進めました。特に，走者と守備の対決場面に焦点を当てて，攻守のかかわりが生まれるベースボール型のゲームの楽しさを伝えたいというのが大友先生の思いでした。

授業を通し，教材（教師や仲間，環境も含む）とのかかわりの中で，子どもが拓いていった学習（教師のリフレクション）

　子どもたちは，少年野球等に通っている子は少数でしたが，日頃から活発にベースボール型のゲームに親しむという様子もありませんでした。実践前に事前アンケートを実施したところ，いわゆる野球のルールを知らないと回答した子どもが14人でした。それ以外の「よく知っている」と答えた子どもは6人にとどまっていたので，研究指導を担当した土田も，当初は，この実態でベースボール型のゲームの実践をするのは大変困難だと思いました。フォースアウ

表1　M小学校のベースボール型のゲームの授業計画

時数	学習活動・時間
1	準備運動3分→「手のひらバット」7分→「打ちっこゲームⅠ」30分→振り返り5分
2	準備運動3分→「円陣アタック」7分→「打ちっこゲームⅡ」30分→振り返り5分
3	準備運動3分→「キャッチボール」7分→「ハンドベースボールⅠ」30分→振り返り5分
4	準備運動5分→「ハンドベースボールⅡ」35分→振り返り5分
5	準備運動5分→「ハンドベースボールⅢ」35分→振り返り5分
6	準備運動5分→「ハンドベースボールⅣ」35分→振り返り5分
7	準備運動3分→ルール決定10分→「オリジナルハンドベースボール」27分→振り返り5分

トやフライが捕られたときのルールの理解度をみると，さすがにフライの直接捕球がアウトになると回答した子どもは19人でしたが，フォースアウトがわかる子どもはわずかに5人にとどまりました。また，ベースボール型の代表格，野球やソフトボールが好きかという質問に，「あまり好きでない」「好きでない」と回答した子どもは，あわせて16人，つまり半数以上の子どもはベースボール型のゲームが好きでないという学級でした。

　学級には活発な男子もいましたが，男女が常に一緒に遊んでいる様子があるわけでもなく，男女でベースボール型のゲームは難しいのではないかと危惧しました。しかし，学習態度は良好で，好奇心あふれる5年生たちでした。

　実践は2007年6〜7月，全7時間で実施されました。授業は大友先生と学級担任の先生のティームティーチングで実施されました。

　チーム編成は学級担任の先生のアドバイスのもと，5人（1チームだけ4人）の男女混合6チーム編成となりました。少年野球をしている子は各チームに均等配分されました。

ベースボール型のゲームの捉え方

　ベースボール型のゲームは，「一次ゲーム：守備を突破してボールを目的地（フェアグラウンドかホームランゾーン）に運ぶこと」と「二次ゲーム：本塁

を陥れること」の二つのゲームの複合です[3]。この二つのゲームの複合場面が，最もこのタイプのゲームの特徴が際立ってくるのです。

　しかし，相手の防御の隙間をねらってボールを打つことは，それほど簡単なことではありません。そこで，当初，大友先生は，「チームメイトが投げたボール（ソフトバレーボール）を手で打つ」という一次ゲームを考えました。しかし，やはり，人に投げてもらったボールをねらって打つという行為は，かなり難しいという状況になりましたので，最終的には，自分の手の上にあるボールを自分で打つ，というバレーボールのサービスの要領で一次ゲームを構成しました。

　問題は，二次ゲームです。ご存じのとおり，ベースボール型のゲームにおける走塁と，それに伴うアウトのルールを教えるのは，大変難しいことです。大学生にキックベースを教えても，フライが捕球されたときにどうしていいかわからない走者が生じることがたびたびあります。どうやって子どもたちにこの複雑な走塁を教えようかと，大友先生はゼミでいつも悩んでいました。そんなある日，ゼミで，前の日にテレビで放映していた「鬼ごっこ」の話が出ました。その鬼ごっこは，サッカーの広大なグラウンドを使用し，マラソンで実績のある人が「鬼」，それ以外の数人の人が「逃げ手」となり，一定の時間を鬼にタッチされずに逃げ切るというものでした。逃げ手は，サッカーゴールや，コート中央のサークル（これは安全地帯で，1人だけが数分間入って鬼から逃げることができる）を使って逃げ回るというものです。しかし，マラソンランナーというのは持久力があるので，やがてみんながタッチされるという結末でした。

　ゼミ生でバレーボールの経験がある小嵐君が，「野球ってのはそもそも，この安全地帯のある鬼ごっこで，フォースアウトよりタッチアウトのほうが基本って考えたほうがいいんじゃないですかね」と提案してくれました。

　そこで，子どもたちには「ベースは一人だけ入れる安全地帯」というたとえを使って説明することにしました。打者が打撃と同時に進塁してくれば，既に塁上にいる走者は，押し出されるかたちで次の塁に行くしかなくなります。で

も先にボールが塁に待ち伏せしている，これがすなわちフォースアウトとなりました。

　子どもには，とにかくベースボール型のゲームは，打撃という一次ゲームがなされたら，次は進塁という二次ゲームが開始されるんだということを，大友先生は説明しました。

　しかし，打者がフライを打ったときは特例で，フライが直接捕球されたら，打者はアウトになります。その場合，塁上にいる走者は，進塁するという二次ゲームを始めてもいいけど，一度，塁に戻ってからスタートしよう！　と大友先生は指導しました。後に触れることになりますが，この説明方式が功を奏し，後々に女子がすごいことを成し遂げることになります。

　さて，単元は，当初，手のひらバットでの「打ちっこゲームⅠ」で，一次ゲームへつなげました。これは，自分の手でトスしたボール（ソフトバレーボールのボールを使用）を，バレーボールのサーブの要領で打球し，相手の守備がいないところをねらうというものです（図2参照）。

打撃を教える

　この「打ちっこゲームⅠ」は，1チーム4人で打撃を行い，合計点を競うものでした。しかし，次の「打ちっこゲームⅡ」は，実際に守備をつけて，攻守の中でゲームをします。

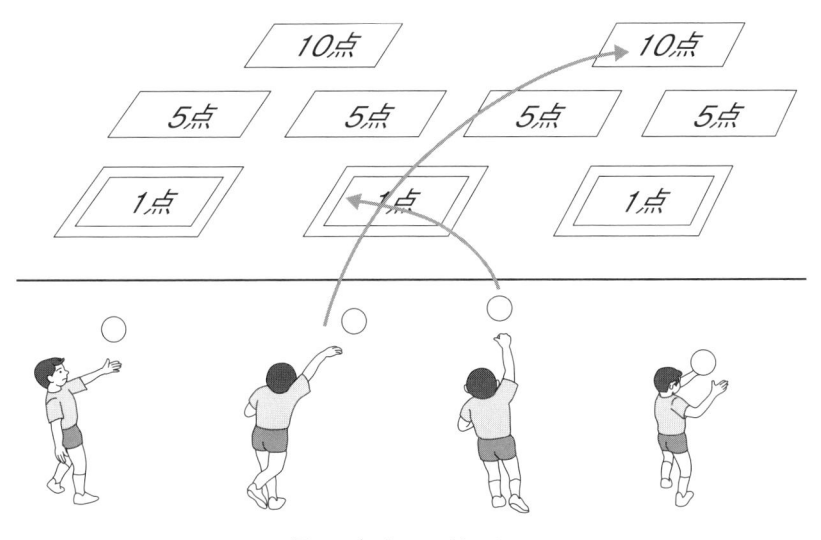

図2 打ちっこゲームⅠ

図3 打ちっこゲームⅡ

「打ちっこゲームⅡ」では，攻撃側は各自2個のボールを持ちます。そして一斉に2個のボールを自分でトスして打ちます。「いっち，にっ，打つ！　いっち，にっ，打つ！」というリズムでした。すると守備は，8個のボールをみんなで拾い集め，コートの線上に並びます。打ってから並び終えるまでにかかった時間を競います。

　子どもには，打つ前に作戦タイムが与えられます。「オレ，こっちに打つから，みんなはここと，ここに……」と，打つ側は，拾う守備側の気持ちになって一所懸命に考えます。守備が拾いにくいのはどこか，それが攻撃の作戦になります。この「打ちっこゲームⅡ」で，子どもたちは，どこにねらって打つと守備がどう動くか，ということを学習します。逆に，守備側は，どこを守れば防御線を突破されないか，を考えます。

走塁を組み合わせる

　次はいよいよ一次ゲームと二次ゲームの結合です。「ハンドベースボールⅠ」と名づけられたこのゲームは，一塁と本塁だけで遊ぶゲームです。打者は，打撃は当初，投げてもらったボールを打つことが想定されていましたが，やがて，自分でトスして自分で打つほうがねらいやすく，課題も容易になるため，自分でトスして打つ方式が導入されました。課題が容易になって「意図してねらう」ということが，後々にベースボール型のゲームの戦術アプローチへと展開します。面白いことですが，課題が難しすぎて，打つ本人が「どこへ球がいくかわからない」という状態では，守備側も打者の意図を読み取れません。作戦の立案というのは「傾向と対策」なのですが，人の意図が入らないところには，なかなか傾向が現れないので，対策も立てようがないのです。これは，ボールゲームのどのタイプにもいえることではないでしょうか。

　大友先生の記録には，「どこをねらうといい？」といった声かけをしたことが記されています。また，授業観察者の記録を見ると，子どもが「サード側の方が広いから，そっちに打とう」とか「サード側をねらってくるから守備を2人にしよう」などという作戦が考えられていた様子がうかがえます（サード側と

図4　ハンドベースボールⅠ

いっても三塁は採用されていない。右打者から見て左方向をさしているのであろう）。

「ハンドベースボールⅠ」では，打者は，打撃の後，中央よりやや右側に設置された「一塁」に走り，折り返して本塁に戻ってきます。打撃のボールがノーバウンドで守備にキャッチされたらアウト。折り返してくるあいだにボールでタッチされたらアウトになります。アウトはタッチアウトのみなので，大変シンプルです。残塁はなし，一塁は折り返し地点の役目しかありません。

やがて「ハンドベースボールⅡ」では，一塁が安全地帯となり，打者は一塁で止まることも選択できるようになります。一塁まで行ければ１点，本塁まで戻れば２点です。残塁はなしでした。打者は一塁まで行ければ安全だし１点となるので，打撃とともに頑張って走ります。しかし，守備側にしてみれば，相手が一塁に来ることはわかっているので，走者より先にボールを一塁に持ち込むことで，打者を待ち伏せしてタッチアウト（事実上のフォースアウト）に

できることを学びます。これで，フォースアウトが学習されることになります。
　こんなゲームを繰り返しながら，子どもたちは，一塁で止まるべきか，本塁まで走るべきかを判断します。作戦タイムでは，打撃に自信がない子に，「走塁では，無理だと思ったら一塁で止まるようにしよう」「守備をよく見て走ろう」といったアドバイスをする光景も見られました。一塁がほぼ中央にあるので，打者は自分の得意な方向へ打つとか，守備が苦手な子の方へ打つことも学べます。バント攻撃も出ていました。このバント攻撃が出る前は，子どもたちの話し合いは，打撃中心，攻撃中心でした。しかし，バントで確実に進塁して1点をねらってくる作戦に対して，守備を意識せざるをえなかったのだと思います。
　以下は，授業者の大友先生の記録です。

　　終盤C班が，バント攻撃作戦で1点をねらいにいく作戦を実践したため，バント攻撃を防ぐために守備を工夫しようとする意識が子どもたちに芽生えたように感じた。振り返りカードを見ると，「無理に2点をとりにいくより，バント攻撃などで1点をねらいにいった方がよい……5人」「前に守備を一人置く（バント対策）……4人」という記述があった。

　そして「ハンドベースボールⅢ」では，打者が塁上に残ることを許可し，次の打者の打撃の後に，走塁という二次ゲームが開始されること，しかし，打球がフライでアウトになった場合は，一度，塁に戻ってからでないと二次ゲームができないこと，などを学びます。
　ゲームはやがて，一塁と二塁を含むかたちになります。「二塁上にいる走者を生還させるには？」など，打撃した打球方向と，二塁ランナーとの関係などが作戦タイムで話し合われるようになりました。
　単元の第5時には，大友先生の記録にこんな記述が残っていました。

　　投手をなくしたことで，ねらったところに打てるようになったり，遠くへ飛ばせるようになったりしたため，攻撃，守備の戦術に広がりがみられた。棒立ちになって守備をしている人も少なくなり，いつボールが自分の所へ飛んでくるかわからないという意識で子どもたちも守っていた。〜 中略 〜 途中の「作戦タイム」では，攻撃だけでなく，相手の攻撃バリエーションが多岐にわたるため，守

図5　ハンドベースボールⅢ

備について考えるチームが増えてきた。全体的に生き生きプレイしている子どもたちが多くみられた。「作戦タイム」で話し合ったことを実行しようとする子より，その場その場の情況に応じて考えながらプレイする子どもが多かったように思う。（振り返りカードを見ると「守備が後ろにいたのでバントした」「右側があいていたのでそこに打った」などの記述があった）。

　事実，「ランナーがいるときはバントしちゃだめだよ」と，走者の生還を気づかっている発言が出たり，「フォースアウトに備えて，一塁とホームベースに守備をおこう」などの発言も出てきました。

　作戦タイムでは，当初，野球経験のある子がリーダーシップをとっていましたが，そのうち，攻防の駆け引きを学んだ子どもたちが，活発な発言をするようになっていました。自分たちがなにをすべきかがわかるようになってきたことから，意見を言える子どもが増えたためではないでしょうか。

タッチアップ？

　ある日，授業実践を終えた大友先生が，子どもの一人がタッチアップを成功

させたことを興奮気味に報告してくれました。しかも，それを成し遂げたのは野球経験の全くない女子だったというのです。私は思わず，偶然それが発生した（要するにわけがわからずに走り出した？）のかと思い，その旨を質問しました。すると，大友先生は，「違うんですよ，タッチアップが成功したときに周りの子たちが，みんなで大喜びしてたんですよ！ みんながルールをわかって喜んだんじゃないでしょうか！」と教えてくれました。

　このように，大友先生は，ベースボール型のゲームを構造的に捉え，一次ゲームと二次ゲームの結合を意識した授業実践を成功させました。

　成功のポイントをおさらいすると，ベースボール型のゲームを「課題が異なる二つのゲームの結合」と捉え，ルールが難しい「走塁」を，「ベースが安全地帯となる，ボールとの鬼ごっこ」という比喩を使いタッチアウトから教えたこと，そして，打撃の際の打者の負担を軽減し，「ねらって打球できる一次ゲーム」を構成したということだろうと思います。戦術アプローチとして考えると，ねらうという攻撃者の意図と，相手の意図をくみ取って対策を立てる防御者の意図が，豊かなかかわり（傾向と対策）を生み出したといえるでしょう。作戦タイムというと，従来は「声を出そう」「優勝しよう」という抽象的な発言が多かったことでしょう。しかし，この大友先生の実践に関しては，そういった作戦タイムは一度もありませんでした。みんなが勝つために，その勝つプロセスに参画し，自分たちでゲームの様相を見事に操作していたと思います。

（土田了輔）

1）詳しくは，土田了輔（2007）「小学校の休憩時間における児童の集団的遊戯活動に関する研究」『体育・スポーツ哲学研究』29-2，pp.91-107を見てください。
2）詳しくは，土田了輔・笛木寛，2007「小学校の休憩時間における児童のハンドベースボールに関する研究」『上越教育大学研究紀要』26，pp.172-181を見てください。
3）鈴木理・廣瀬勝弘・土田了輔・鈴木直樹，2008「ボールゲームの課題解決過程の基礎的研究」『体育科教育学研究』24-1を見てください。

◎実践事例：3

ゴール型のゲーム（転がし突破型ゲーム「マイドリームゲームを創りながらみんなで楽しもう！」）

子どもの実態

　この実践は埼玉県内のさいたま市立城北小学校において平成19年11月9日から12月11日にかけて行われた計8時間単元のゲーム（ゴール型のゲーム）の授業の記録です。授業の対象学級は3年生で男子18名，女子15名，計33名で構成されています。この授業の担当の大塚雅之先生は平成19年度に県内の大学で長期研修生として学んでいた先生です。大塚先生は授業づくりを行ううえでの理論的かつ実践的な知識を学び，特に，学習形態の工夫に注目をして研修に取り組んできました。また，研修で学んだことを生かして具体的な実践化を試みるために，多くの実践を観察し，肌で感じながら，その手がかりを模索しておりました。このような研修を通して大塚先生は，子どもにボールゲームの競い合いの面白さに触れさせ，子どもたちが競争の意味を生成しながら，みんなで活発に動くことのできる授業を学習集団の組織に注目して構想することに興味・関心を抱いていました。大塚先生は，周囲の人からは，明るいユーモアのある人と称されるように，授業中も非常に柔らかい雰囲気をもって指導する先生でした。

　また，この授業を行った学級は，明るくほのぼのとした雰囲気があるクラスであった印象が強くあります。男女の仲も良く，男女が一緒に休み時間等に遊ぶ姿も多く見受けられる学級でした。休み時間の過ごし方としては，男女共に，校庭で活動的に遊びを楽しむ子と，教室内でおしゃべりをしたり，お絵かきをしたりして運動活動を伴わない遊びに興じている子が存在していました。つまり，男女分かれて遊んでいるという状況ではなく，男女は入り混じって遊んでいるものの，休み時間に運動をして過ごす子どもと，教室で話したり本を読ん

だりして過ごす子どもに二分されているといったような休み時間の過ごし方に違いが見られました。

　ところで，単元の開始前の事前のアンケートでは，男女にかかわらず約8割の子どもたちが体育を好む傾向を示しているとのことでした。なかでもボール運動に関しては，9割以上の子どもが好意的に捉えているという結果も出ているとのことでした。しかし，競争することに関しては，男子では好意的に捉えている子どもが多いのに対して，女子では，約4割近い子どもがあまり好きではないという結果になっています。このような，競争をあまり好まない子どもの主な理由として，「（ミスや失敗をすると）文句を言われるから」「必要とされていないから」「けんかがあったとき」「ルールを守らない人がいるから」ということがあげられていました。これらの理由はそのゲームの競争の本質というよりは，競争の結果として起きる「友だちに文句を言われること」や，「ルールを守らないのでけんかになる」のが嫌であるという不快な感情に原因があると思われます。

　そこで大塚先生はこのような子どもの実態を踏まえ，第2部で解説したゲーム構造論に基づいた授業を構想し，子どもに学習してほしいことを検討し，授業実践を行いました。

子どもの実態を踏まえた「学習してほしいこと」

　大塚先生は，本授業で学習してほしいことを「チームで勝敗を競っているプロセスを楽しむこと」と考えました。これは言い換えれば，「競争そのものを競い合っているその瞬間を楽しんでほしい」という願いです。

　子どもの実態でも述べたとおり，競争に対して好意的ではない子どもが多く在籍する学級です。とはいえ，ボールゲームは，本書でこれまで解説してきたように「競争課題」と「対決情況」によってボールゲームが分類されるように，「ボールゲームの本質は競争にある」といってよいと思います。そこから「競争課題」を排除してしまうと，ボールを操作する運動遊びになってしまうといえます。むしろ問題にしなければいけないのは，「競争課題」がゲームの勝敗

との関連でどのように扱われるかといった点にあるといってよいと思います。つまり、実態を明らかにするなかで顕在化したように、競争を嫌う子どもたちが生まれてくる問題は、競争した結果の勝敗に高い価値を置いていることにあると考えられます。したがって、競争の結果が高い価値をもつことによって、子どもの関心は結果としての勝敗にのみ向けられ、負けたり、失敗したりすることで仲間を責めるようなことが起こり、ミスへの恐れから思い切ったプレイやゲームへの積極的な参加を躊躇してしまう子どもが生まれる可能性が生じてきます。また、勝敗にこだわりすぎるあまり、その大前提となるルールをめぐっての争いも頻繁に起きる可能性があります。その結果、相手との軋轢が生まれ、競争そのものへの参加を敬遠してしまうことにもなりかねません。さらに、より大きな問題として、結局、競争の結果として何を学習したのかということが、ただ勝敗だけで子どもに受け入れられてしまう危険性をも含んでしまいます。

「競い合っているプロセス」を楽しむ授業へ

　本書では、競争は「競い合っているプロセス」に起きる出来事であると捉え、授業づくりの手がかりを提示してきました。しかし、上述したように競争の結果にばかり注目させてしまう授業づくりでは、「勝ったか」「負けたか」が子どもたちの学習の成果を価値判断することになり、技能の高い子は個人のプレイで勝つことだけに執着し、技能の低い子はゲームに目立たないように参加するような情況を生み出していくことが予想されます。このような結果、ボールゲームでは、技能差の問題が大きくクローズアップされてきます。したがって、技能差を埋めることによって、勝敗の未確定性を保障しようと授業を構想していることが多かったように思われます。たとえば、技能の高い子にルールで制限を設けたり、技能の高い子が技能の低い子に指導する場面を設けたりして、技能差を埋めようとしてきました。この結果、学習指導は、技能の低い子どもに焦点が当てられ、技能の高い子は力いっぱいゲームに取り組むことができなかったり、技能の低い子は、失敗してはいけないという心配を抱いたりしなが

らプレイする情況を生み出してきたように思われます。このような授業での取り組みは，技能差を埋めようとしながら，技能差を浮き彫りにする結果を導いてきたように感じられます。つまり，技能差を埋めようとして技能差がはっきりとする現実があるといえます。これは，「技能差がなければ，勝敗の未確定性が保障される」という立場が生み出す問題といってよいでしょう。しかし，子どもたちは個々人が異なった力をもち，その無限なる可能性をもっています。それは統一的というよりは，むしろ拡散的であるといえるでしょう。したがって，技能差があるなかでのボールゲームの構想が必要だといえます。

　みなさん思い出してください。幼少期に，年齢を超え，性別を超え，集い，楽しみながら運動していた姿を……（私だけかもしれませんが）。集い合った子どもたちの技能差にも大きな違いがあったはずです。それにもかかわらず，全員が精いっぱいの力でゲームを楽しんでいたと思います。ゲームに参加していたメンバーは，技能差があることを「受け入れ」，それを超え，それぞれの違いを生かして，競い合いに参加していました。これを授業に置き換えて考えるならば，何を競い合い，いかに競い合っているかというゲーム固有の面白さを共有しあい，それぞれの技能をもってゲームにどう参加していくかを学習として考えていくことができると思われます。

　大塚先生はこのような視点から，そのボールゲームがもっている面白さを検討し，この面白さに触れるなかで子どもたちの学習が深まっていくと考えました。今回の授業では攻守が重なり合ってゴールを奪い合うゴール型ゲームを取り上げ，とりわけ，相手のチームの防御をかわして得点を取ることを，ゲームの中心的な面白さであると考えました。教材としては，ボールを転がして相手の防御を突破させることに焦点を置いたゲームを取り上げました。このボールを転がして突破を競い合うゲームを「転がし突破型ゲーム」として授業を構想しました。

　また，子どもたちが競争の結果ではなく，プロセスを楽しむことを大切にしてほしいという願いから，参加体験型のグループ学習を構想しました。

　そのため，授業では，まず競争の面白さに触れ，自分たちのゲームを創り上

げる過程を楽しめるように，単元前半ではグループラーニングとして「フレンドリータイム」と名づけられたチーム内ゲームを取り入れることとしました。チーム内ゲームでチームの中で競争の面白さに触れ，チームのゲームを創り上げることとします。この「フレンドリータイム」での活動を十分楽しんだ後に，「パーティータイム」と名づけられたチーム間ゲームを行い，互いのマイグループゲームを共有することを通して，ゲームを楽しむ活動としました。そして単元の後半の「イベントタイム」と名づけられたチーム間ゲームでは，互いのマイゲームを共有し，クラスとしてのマイドリームゲームを創り，ゲームを行いました。この流れを端的に表すと，チームドリームゲームを創る（チーム内ゲーム）→互いのドリームゲームを体験する（チーム間ゲーム）→クラスドリームゲームを創る（チーム間ゲーム２）という流れになります。

このことを踏まえた授業の流れを図６（p.122）に授業計画として示しました。

それでは，このような学習の過程を通してどのように子どもの学習が拓いていったのかを振り返ることとしましょう。

授業を通し，教材（教師や仲間，環境も含む）とのかかわりの中で，子どもが拓いていった学習（教師のリフレクション）

まず１時限目では，「鬼ごっこ」を中心に授業が進められました。ここでは，学習者に相手のかわし方，突破を意識させることがねらいとなりました。その後，「宝運び鬼」を行い，チームとしてボール運びを行うことの重要性を意識させることとしました。しかし，まだこの段階ではチームとしてというよりは，個人的な活動に従事している子どもが多かったようです。その後，ボール運びの際にボールを転がすことというゲームの基礎となるルールを提示しました。転がすということで，すぐに足を使って運ぶ子どもも現れましたが，手を使って運ぶ子どものほうが多かったです。この段階でも個人での活動が目立っていました。しかし，個人で運ぶことができている段階では，あまり集団ということを教師側が指示しすぎても，協力して運ぶ，または，突破することの意味は，子どもたちのものとはなりにくく，ただ形式化してしまうことが懸念されます。

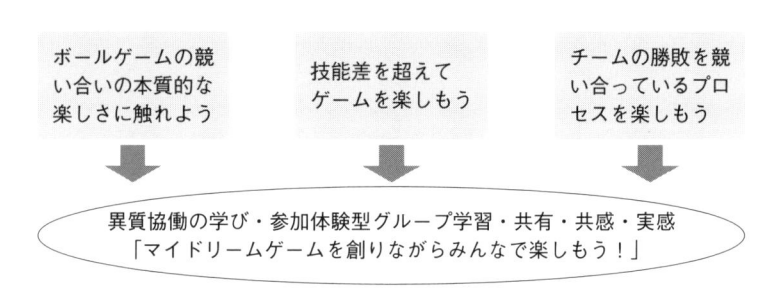

```
┌─────────────────┐  ┌─────────────────┐  ┌─────────────────┐
│ ボールゲームの競  │  │ 技能差を超えて   │  │ チームの勝敗を競  │
│ い合いの本質的な  │  │ ゲームを楽しもう │  │ い合っているプロ  │
│ 楽しさに触れよう  │  │                 │  │ セスを楽しもう   │
└────────┬────────┘  └────────┬────────┘  └────────┬────────┘
         ▼                    ▼                    ▼
```

  異質協働の学び・参加体験型グループ学習・共有・共感・実感
  「マイドリームゲームを創りながらみんなで楽しもう！」

〈学習の流れ〉

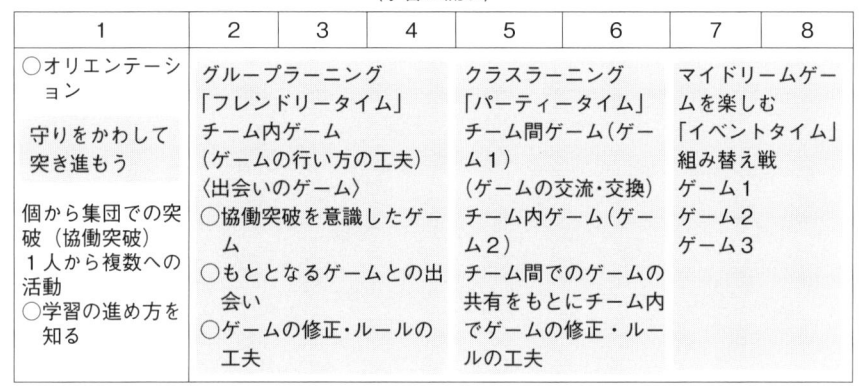

1	2	3	4	5	6	7	8
○オリエンテーション 守りをかわして突き進もう 個から集団での突破（協働突破） １人から複数への活動 ○学習の進め方を知る	グループラーニング 「フレンドリータイム」 チーム内ゲーム （ゲームの行い方の工夫） 〈出会いのゲーム〉 ○協働突破を意識したゲーム ○もととなるゲームとの出会い ○ゲームの修正・ルールの工夫			クラスラーニング 「パーティータイム」 チーム間ゲーム（ゲーム１） （ゲームの交流・交換） チーム内ゲーム（ゲーム２） チーム間でのゲームの共有をもとにチーム内でゲームの修正・ルールの工夫		マイドリームゲームを楽しむ 「イベントタイム」 組み替え戦 ゲーム１ ゲーム２ ゲーム３	

図6　マイドリームゲームの授業計画

　大事なことは，運ぶことや突破することができるか，できないかを競い合っているゲームであることが子どもに理解されることでしょう。実際に１人で上手く運べていない子どもは仲間の助けを必要としている！　という場面も見られました。このことが徐々に個人の突破から協力しての突破への足がかりになっていくことになるでしょう。

　単元前半では，ボール転がしゲームをチーム内ゲームとして楽しみました。最初のゲームとしては，攻守交替型ゲームとしてボール５個を３人の攻め手が２人の守り手を突破してゴールゾーンに運べるかを競い合うゲームとしました。どのようなゲームになるかというと，ボールだけをゴールゾーンへ向けて打ち込むゲームが発生してきました。この段階では，前時や授業のはじめに行っている「鬼ごっこ」との関連はあまり子どもには意識されず，ボールだけの突破

というイメージが強くなってきています。たしかに、実際にドリブルのような技能を用いて突破を図る子どももごくわずかに現れていますが、多くはボールを蹴ったり手でたたいてゴールラインを突破させようとする試みになっていました。

　こうなると、ゲームとしては守りのほうに子どもの意識は向かっていくことになります。ゴールラインの近くにゴールキーパーのような役割の子を立たせて、ゴールラインを守ることを意識します。つまり、ボールを奪いにいくという守り方よりも、ゴールラインを守るという守り方が意識されます。これは的あてゲームのような様相のゲームになっていきました。このゲームを何回かやると、攻める側はボールをゴール近くまで運んでからボールを突破させようと試みます。これは有効な方法です。相手が奪いに来ないのであれば、できるだけゴール近くにボールを運んでからゴールラインへの突破を図ったほうがはるかに確率が高くなります。さらにこの方法は、守る側に守りの方法を考えなくてはいけないことを促します。当然、守る側は、ゴール前に守る人を1人置いて、もう1人がボールを奪いにいくという方法を採用することになります。このことが、今度は攻める側がボールを奪いに来る人を仲間をつかってかわすという、仲間と一緒に突破するという意識をもつきっかけとして働くことになりました。ボール保持者の子どもとそうではない子どもが、ボールを奪いに来る守り手を2人でかわすという行為が見られるようになってきます。ここに、「協力しての突破」という意識が生まれてきます。このような意識が生まれてきたときに教師側からその意味を提示することが大きな意味をもつのです。

個人の突破から協力しての突破へ

　このような現象がポツポツ現れはじめると、ボールの数を減らすというルールの工夫が多くのグループに見られるようになってきます。これは当然のことだと考えられます。ボールが5個あっては、結局は守る側としてはいくつかのボールのゴールはあきらめて、とれそうなボールを奪いにいくことで最小限の失点を防ごうという気づきが生じてくるからです。つまり、「自分たちが守り

のときは失点を最小限に抑え，攻める番になったら，最大限得点が取れるように考える」という，いわば作戦のようなものが生まれてくるのです。この時間での作戦会議では，1人がゴールキーパーで別の1人がボールを奪いにいく役割を守る側でしているチームと，5個の攻める側のボールのうち最低2個は奪ってしまうべく2人で奪いにいく方法を考えるようになっているチームがありました。また，それに対して攻める側も，奪いに来ないボールに関してはすぐにゴールラインへ打ち込んで，奪いに来るボールに関して，パスやドリブルをつないで攻めて，ゴールラインを突破させるように考えはじめました。実はこの作戦には協力の意識が結びついてきます。あるチームの作戦を例にとってみます。

　このチームは，ボールゲームの得意な子どもがA，普通の子どもがB，苦手な子どもがCの3人で攻めます。相手の守る側は，Dがボールを奪いに来て，Eがゴールキーパーです。この情況で攻める側がとった作戦は，まず，A，B，Cが同時に1つのボールを保持します。もし，相手のDがAのボールをとりにきたら，Aはドリブルをつかって1人で突破を試みます。その隙にBとCはゴールライン近くまでボールを運び，ゴールをねらいます。そしてまた，残りの2個のボールを保持しにいくというものです。守る側のDがBのボールをとりにきた場合は，Aはすぐにボールを運びゴール決めてから仲間のBを助けに向かいます。Cは自分のリズムでボールを運びゴールを目ざします。DがCのボールをとりにいったときも同様です。このような作戦を立てていました。これはまさに技能差に応じてチーム内で役割を考え，ゲームを行っている作戦であると考えられます。

　このような作戦が生まれてゲームをしばらく行いますが，子どもはそのうちそのゲームに飽和感を抱くようになります。このとき子どもが何を考え，どのようにゲームが変わるかというと，守る側でボールをとった子どもが，そのとったボールを得点に結びつけたくなってくるのです。このように子どもの側から攻守が重なり合うことでゲームを行うことが意識されてきました。

　そこで攻守が重なり合うゲームに移行することにしました。このゲームは，

センターラインにボールが置いてあり，両サイドに並んだ両チームが笛の音でボールをとりにいって，ゴールゾーンへと運ぶ，または相手チームのボール運びを阻止する，というゲームです（図7参照）。

　この攻守が重なり合うゲームの最初のルールでは，3人対3人でボールは7個，ゴールゾーンにボールを置くと得点としました。しかし，このゲームの最初のルールはそのときの子どもに合ったものかというと，そうではなかったように思われます。これはボールが7個であるため3人対3人で行えば，とりあえず1人1個ずつボールをゴールラインまで運んでおいてから，残りの1個をどうするかというゲームです。この残りの1個をどうするかという情況になってからは盛り上がることもありましたが，せっかく協力して突破するということがイメージされてきたときにゴールゾーンに運ぶゲームでは，1人で運ぶことがまず優先されるゲームになってしまうからです。ですからこのゲームは，攻守重なり合いへの変化という新奇性以外にあまり子どもに受け入れられるゲームにはなりませんでした。なかには，あるグループが，一人ひとりがゴールゾーンまで運んでそれからどうする？ ではなく，最初から1人をゴールゾーンへ行かせて，そこでボールを受ける役割にしたことで，ゴールゾーンへパ

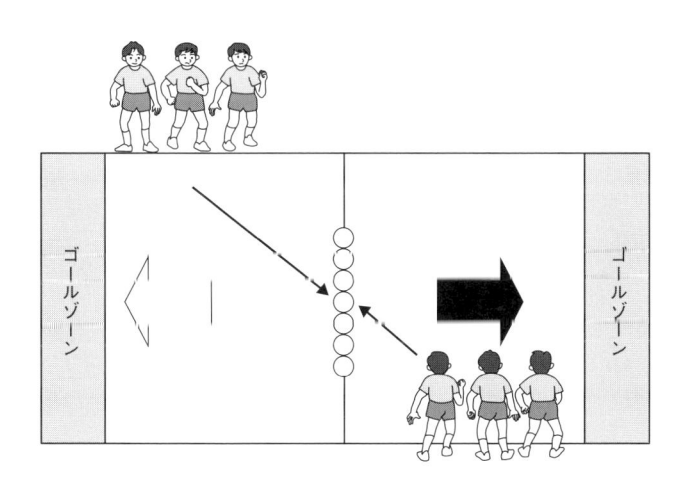

図7　攻守が重なり合うボール転がしゲーム

スをして得点を取るという方法を考案し協力を意識した動きも少しは見られましたが……。

さて，このゲームをより面白くするためにどのような工夫が子どもから生まれてきたのでしょうか。それは，先ほどもありましたが，ボールの数を減らすことでした。そしてもうひとつはゴールラインの突破をもって得点とすることでした。まず考えられたゲームとしては，3対3でボール3個を用い，ゴールラインを突破して得点とするゲームです（グループによっては，3対3でボール3個を用い，ゴールゾーンにボールを受ける人をはじめから置いておくというゲームもあります）。もちろんゲームの最初は1対1のボールの奪い合いからゲームは行われますが，すぐにいろいろな作戦が立てられます。並び順をどうするか？ 誰がどこのボールをとりにいくか，あらかじめ守る人を想定したほうがいいのか？ などです。あるチームでは足の遅い子を一番前に並ばせて，一番近くのボールをとりにいかせて足の速い子があとからフォローにいくなどの作戦も考えられていました。このゲームになってから，マイボールというほどボールの数がありませんので，少しでもはやく置いてあるボールを保持するためにはどうするかということで，足を使ってボールを保持するようになっていきました。これは競い合いのために足を用いることの有効性を子どもが学習したということでしょう。

このゲームが深まりをみせ，ドリームゲームになる頃には，みなさんの予想どおり，ボールは1つになっていました。ボールが1つになると，まず，そのボールを，マイボールにするための作戦とそれをゴールラインへ突破させるための作戦，マイボールにできなかったときの作戦などが生まれてくることになります。ここで最後に，あるチームの作戦を一例として取り上げ，子どもの拓いた協力して突破するという学習の広がりを確認します。

このチームはF，G，Hのチームです。運動の比較的得意なF，それなりに得意なG，得意でないHのチームです。並び順はF，H，Gの順に並びました。スタートの合図でFは中央のボールをマイボールにしようと向かいます。Gはボールには向かわず，まっすぐサイドライン（相手から遠くのサイドライン）

を走り，ゴールラインの近くに向かいます。そして，Hは自分の守るゴールラインの方へ少し膨らみながら，Gの逆サイドをゴールラインに向かって走ります。このチームが目ざした作戦は，①Fがボールをとりシュートできるならすぐシュート，②Fがボールをとり，打てないならすぐに相手から見て遠くのサイドラインにいるGにパスをしてゴールラインの近くにいるGがシュート，③もし，相手がGのマークに付いた場合は，逆サイドに遅れ気味に走ってくるHにパスをしてHがシュート，④すべてダメならFが突破してからパスまたはGやHが動いてパスをもらってからシュート，の4パターンです。さらにFがボールをマイボールにできなかった場合は，Fが相手のボールを奪いにいく，Hが自分の守るゴールラインの方へ少し膨らみながら走っていましたので，ディフェンスにまわる，という作戦です。

　このように子どもたちは，協力して突破すること，または協力して突破されないことを意識しながらゲームを行っています。そこでは，どのようにして協力して突破するか，されないかという競い合いを楽しんでいるのです。これはまさに大塚先生が考えていた，チームで勝敗を競っているプロセスそのものを楽しんでいるということでしょう。子どもたちは個人での突破が難しいからこそ，協力して作戦を考え，協力して突破することの楽しさに触れていたのでしょう。また，FにはFの技能をもっているからこその役割，GにはGの，HにはHのといった技能の違いがあるからこそ，互いの技能差を超えるような協力しての突破を考え，楽しんでいたのです。この一連の学習の広がりに，子どもの拓いた協力して突破するという学習を見て取ることができる授業であったと思われます。

　　　　　　　　　　　　　　　　　　　　　　　　　　　　（松本大輔）

◎実践事例：4

ネット型のゲーム（ソフトバレーボール「ラリーを中断させるゲームを競い合って楽しもう！」）

子どもの実態

　この実践は埼玉県内のS小学校において平成18年10月18日から10月30日にかけて行われた計6時間単元の授業の記録です。授業の対象学級は5年生で男子18名，女子16名，計34名で構成されています。この授業の担当は，現在さいたま市立大宮東小学校にて教鞭をとられている田中勝行先生です。田中先生は平成18年度に県内の大学で長期研修生として学んでいた先生です。その学んでいることを，いかにして実践として表現していくのか。このことに非常に熱心に取り組んでいた印象が強い先生でした。

　田中先生が授業を行った学級の子どもに関してですが，初めて授業を参観したときから非常に元気がよく，熱心に授業に取り組んでいるという感想をもちました。男女の仲も良く，一体感のある学級でありました。非常に活発なため少し羽目を外しすぎる感はありますが，動きたいという欲求にあふれているクラスだった印象が残っています。

　単元の開始前の事前のアンケートでは約8割の子どもたちがボール運動を好む傾向を示しているとのことでした。さらに事前のアンケートによると，ボールゲームの大きな魅力である競争の楽しさを感じていることも明らかとなっています。しかし，あまりネットを挟んだバレーボールのようなゲームは経験が少ないとの報告も聞いておりました。その報告のとおり，授業開始前に，置いてあるボールを持つと蹴ったり，ボールを突いたり，バスケットボールのゴールにシュートしようとしている子どもが多く見受けられました。

　これまで触れてきたように，この学級は活発で一体感もあり，元気がよく，おおむね運動好きの子どもが多い学級であることがわかります。また，ボール

運動を好む傾向も強い学級です。

子どもの実態を踏まえた「学習してほしいこと」

　この学級の実態を踏まえ，授業者である田中先生は，ゲーム構造論にもとづきソフトバレーボールのもっている競争の面白さを強調した授業を創案することとしました。このなかで，ソフトバレーボールのもっている競争の面白さとは何か。何を競い合うことが面白いことなのか。ソフトバレーボールの競い合っている面白さはソフトバレーボールがどんな構造をもっているから面白いのか。このことに特に焦点を当てていきました。それは，この学級の子どもが非常に活発でボールゲームの競争の楽しさを感じられる力があるからです。しかし，そんな子どもたちだからこそ，結果としての競争を強調しすぎると，ただ「勝った！」「負けた！」にのみ子どもたちの関心がいってしまい，ソフトバレーボールが何を競い合うことが面白いのかが，曖昧になってしまうと考えたからです。

　このことを踏まえ，授業ではまず，「ボールをつないでネットを挟んだゲームを楽しもう」というテーマで競争を楽しむことになりました。これはネットを挟んだ相手のチームの返球をチーム内でつないで，落とさないで相手に返すこと，つまり，どちらが落とさないか競争を楽しもうというものです。これは，まさにネットで分断されている場の構造によって発生する，競い合う面白さであるといえます。

　そして，その競争の面白さに十分触れた後で，「ラリーを中断させるスペースをねらったゲームを楽しもう」というテーマで競争を楽しむことに移行することとしました。この「ラリーを中断させるスペースをねらったゲームを楽しもう」では，「どちらが落とさないか競争」を楽しんでいた子どもたちが，今度は自分たちのチーム内で落とさないようにつないだボールをネットを挟んだ相手のチームにつながせないゲームで競争を楽しもうということです。つまり，ボールを落とすことの競い合いです。これを「ラリーを中断させるゲーム」とテーマづけました。

このゲームは，ネットで分断されているゲームにおいて，自分たちがつないで落とさないゲームの競い合いに勝つことが目ざされます。そして，そのためには，相手のチームにつながせないようにすることという，ソフトバレーボールの競い合いの構造にまさに即したものであるといえます。つまり相手のコートの「人のいないスペース」にボールを落とすこと（相手の守備を突破すること）を競い合うことがソフトバレーボールの競い合いの面白さの本質といえるでしょう。

　このように考えていくことで，田中先生はネットを挟んだボールゲームであるソフトバレーボール固有の面白さとして「攻防を分離して，ターゲットを空いたスペースとし，相手防御を突破して、ラリーを中断させる面白さがある」としました。

　このようにテーマを決めた後に，ソフトバレーボールの競い合いの面白さを中核として，どのように自分たちでこの競い合いの面白さに触れながら自分たちのゲームを創り上げていくか，これを授業計画として授業を構想していきました。これは，仲間や教材・教具とかかわり合いながら，ソフトバレーボールの面白さを十分に味わえるゲームを創り上げていくことに，子どもの学習の過程をおこうとしたということです。つまり，田中先生のソフトバレーボールの授業では，ソフトバレーボールの競争の面白さに触れ，自分たちで面白いゲームを創り上げること，このことを学習の中心として考案しています。

　そのため，授業では，まずソフトバレーボールの競争の面白さに触れ，自分たちのゲームを創り上げる過程を楽しめるように，単元前半ではチーム内ゲームを取り入れることとしました。チーム内ゲームでチームの中で競争の面白さに触れ，チームのゲームを創り上げることとします。このマイチーム内ゲームでの活動を十分楽しんだ後に，チーム間ゲームを行い，互いのマイチーム内ゲームを共有することを通して，ゲームを楽しむ活動としました。

　このような流れを通して，ソフトバレーボールの競争の面白さに触れ，自分たちのゲームを意味づけていくことができると考えました。なお，授業の学習の過程については，p.131の授業計画（図8）として示しておきます。それでは，

このような学習の過程を通してどのように子どもの学習が拓いていったのかを振り返ることとしましょう。

授業を通し，教材（教師や仲間，環境も含む）とのかかわりの中で，子どもが拓いていった学習（教師のリフレクション）

授業はチーム内ゲームとしての落とさないゲームを中心活動として始めました。この落とさないゲームでは，子どもたちは最初，一か所にかたまり，小さ

```
        ┌─────────────────────────────────┐
        │ ラリーを中断させるゲームを競い合って楽しもう！ │
        └─────────────────────────────────┘
                        ↓
              何を競い合うことが面白いのかな!?

┌──────────────────────┐    ⇄    ┌──────────────────────┐
│ ボールを落とさないでつなげるかな │         │ 相手のラリーを中断できるかな │
└──────────────────────┘         └──────────────────────┘
```

| 「キャッチ」と「はじく」の両方を使いながら落とさないでつなげてることができるか，できないかを競い合うことを楽しむ | 相手のラリーを中断させることを競い合うことは，自分たちは落とさないでつなげるかを競い合っているということです。この関係がソフトバレーボールの競い合いの面白さになっている | 相手のスペースをねらって相手のラリーを中断させることができるかできないかを競い合うことを楽しむ |

〈学習の流れ〉

1	2	3	4	5	6
○オリエンテーション ○学習の進め方を知る ○チーム編成する	試しのゲームⅠ （チーム内ゲーム） ↓ 試しのゲームⅡ （チーム内ゲーム）		チーム内ゲーム （ゲームの行い方の工夫） ↓ チーム間ゲーム （ルールの交換）		クラスのベストルール （組み替え戦） ゲーム1 ゲーム2 ゲーム3
	（ゲームの行い方の工夫）				
	ボールをつないでネットを挟んだゲームを楽しもう				
		ラリーを中断させるスペースをねらったゲームを楽しもう			

図8　ネットを挟んだボールゲームの授業計画

い空間でのゲームをしていましたが，ゲームを続けるにつれて使う空間は広がりをみせ，ボールと仲間との空間性が徐々に意識されてきたようでした。つまり，仲間との位置関係が意識されてきたように思われます。このことを田中先生は振り返りの中で「落とさないようにボールに対してチームで連動した動きが現れていた」と述べておられました。単元前半のチーム内ゲームでは，ネットを挟んだ落とさないゲームとして，ボールをつないで落とすか落とさないかを競い合っています。このソフトバレーボールにおける落とさないゲームの面白さは，落とさないように"上手"に行えたことが面白いのではなく，落とすかな？ 落とさないかな？ ということを競い合っていることに子どもたちは面白さを感じているようです。ギリギリのボールに飛び込んだり，走って落とさないようにしようとした瞬間の子どもたちの目の輝き，動きの一所懸命さは非常に清々しかったことを今でも覚えています。

　この落とさないゲームを行った後に，ラリーを中断させるスペースをねらったゲームを行いました。ゲームは基本的には，ボールの捕球ははじくだけでなくキャッチとし，スパイクの代わりに投げ渡したり，投げ上げたりするスローを用いました。さて，このゲームが始まると先ほどと変わり，はじめ子どもたちのゲームは白々しくなっていました。なんとなく子どもが楽しめない。面白さになじめない。だからこそボールの行き来だけで子どもたちの動きが止まってしまいました。これは「ラリーを中断させる攻撃を行うこと」にあまりにも意識がいきすぎてしまったからのようです。落とさないゲームで子どもが輝いていた瞬間を思い出せば，落とすかな？ 落とさないかな？ という「ここ」を競い合って面白さを感じていたのです。しかし，このラリーを中断させるゲームでは，"上手"に行えるかに目が向けられてしまったのでした。そのため，とりあえずラリーを中断させる攻撃は出ていても何か白々しくなっていました。田中先生も発問をして動きを広げようと指示しておられましたが，なかなか子どもの動きは変わらなかったように思えます。

　この停滞した情況を描写してみます。"前の子がスローする。相手のコートに落ちる。それを相手のコートの後ろの子が拾い，前の子に渡しスローする。相

手のコートに落ちる。拾う→スロー→落ちる→拾う→……"の繰り返しになっています。ボールだけが行き来し，子どもの動きが止まっている様子が目に浮かびませんでしょうか？ 前の子はスローするだけ，後ろの子は球拾いだけをやっているだけでした。ラリーを中断（突破）する競い合いも，落とさないという競い合いも見られないゲームでした。

　さて，この停滞した局面を打開するために田中先生は子どもたちに，再度，何を競い合っているのか，そのためにどうすればいいのかを丁寧に確認していきました。そのなかで田中先生は，前の人の役割と後ろの人の役割について考えることを提案しました。つまり，ラリーを中断させるには前の人はどう動くの？ 相手の攻撃に対しては前の人はどこを拾うの？ 後ろの人はどこを拾うの？ ということの確認です。さて，この発問を考えることで子どもたちのゲームの質が向上しました。明らかに白々しさがなくなっていったのです。このときに子どもたちから出てきた発言として「もっと広がろう！」「同じくらい広がろう」「ここら辺は私がとるよ！」などがありました。これは役割を考えることで，子どもたちの思考が広がっていったことが考えられます。ラリーを中断させる役割と，ラリーを続ける役割といった両方の役割が，誤解を恐れずに言えば，前衛と後衛というように現れてきたのです。このことは非常に大きい学習の拓きでした。

　繰り返しになりますが，ネットを挟んでボールを落とさないでつなげるかなという，落とすか落とさないかというゲームと，ラリーを中断させることができるかなという，落とせるか落とせないかというゲームは，決して別の意味をもったゲームではないのです。自分たちのチームが落とさないゲームをして，相手より長い時間，ボールを落とさないようにするためには，相手が落とさないでつなぐことを中断させることが必要になってくるのです。子どもたちは，田中先生の「前の人がどこを拾うの？ 後ろの人は？ そして拾ったボールをどうするの？」という発問と，「相手のラリーを中断させるためにはどうするの？」という問いかけを通して，自分たちが競い合っているソフトバレーボールというゲームは，自分たちのチームが相手の「ボールを床に落とすゲーム」に対し

ては，「ボールを床に落とさないゲーム」としてつないで，相手の「ボールを床に落とさないゲーム」には「ボールを床に落とすゲーム」で突破することを競い合っていることなんだと気づきだしていきました。

　ラリーを中断させるゲームをするには，自分たちはラリーを続けるゲームもしているということです。停滞していたゲームでは，ラリーを中断させるゲームなのに，そもそもラリーを続けようということが競い合われていなかったのです。だから，後ろの人は転がっているボールを拾う"球拾い"でしかなかったのです。これが，後衛はラリーを続けるボールを拾う"レシーバー"として変わっていったのです。そのことが白々しいゲームをガラッと変えることにつながったのでしょう。必死で相手のラリーを中断させる攻撃（落とす）を拾おう（落とさない）とする相手がいることで，必死で落とさないようにする相手の防御を突破してラリーを中断させる気持ちよさ，やったぜ！　という爽快感が生まれてきたのです。ここで子どもたちは，お互いのコートにあるスペースを防御するか突破するかというネットを挟んだボールゲームの構造に気づいたのです。

子どもたちのラリーを中断させるゲームの深まり

　さて，ここに気づきが生まれた子どもたちのゲームは白熱してきます。あちらこちらからラリーを中断させた歓喜の声，中断させまいと必死で追いかける子どもの動きが現れはじめました。勢いだけでなくゲームの質も高まってきます。単元中盤では，これまでキャッチして歩いてジャンプしてスローしていた子どもたちから，田中先生の「もっと速く攻撃するにはどうすればいいかな？　空中ですぐにキャッチしてスローできるかな？」という交換的な発問からスパイクに近い動きが出てきます。当然それに伴いトスする人が出てきます。ですから田中先生は「イチ・ニ・サンではじいて」という支援的な言葉がけを行い，三段攻撃をかたちとしてではなく意味を伴った行動として指導していくことができます。トスとスパイクに対抗してラリーを中断させないようにブロックも出てきます（単元前半のゲームでも出ていましたが，チームとしてラリーを中

断させないように，という意味あるブロックになってきました）。

　単元の中盤から後半では，ゲームの質の向上に伴い，自分たちのこだわりも出てきました。一つのこだわりが，戦術的なこだわりです。「どうやって攻める？　どうやって守る？」という田中先生の発問に対して「フォローしよう」「ポジションを決めよう！」「おとり作戦をしよう」などの自分たちのチームの作戦が生まれてきたのです。小学校のボール運動・球技の授業では，「作戦を工夫して攻めよう」ということが目標として子どもたちに提示されますが，このことは何を競い合っているゲームか，このゲームは何の攻防をめぐるゲームの構造をもっているのか，といったことが子どもに学習されていない状態では具体的な作戦は出てこないのではないでしょうか。実際に田中先生の授業では子どもたちの作戦は，おとりを１人から２人へ，左右のスペースをつかう（オープン攻撃），後ろから走り込んでくるなどといった具体的な作戦が考えられていました。このことで単元後半ではチームの連動している動きが随所に見られるようになり，見ている側からもチーム内に一体感を感じることができました。その一体感がまたチームの作戦タイムでの生産的な話し合いにつながり，ゲームに生きてくるという非常によい循環が生まれていました。

　もう一つのこだわりは，自分たちがチーム内ゲームで行っているルールについてです。チーム内ゲームでは，ソフトバレーボールの競い合いの面白さをより面白くするために自分たちでルールを考えてゲームを行っています。最初に全グループ共通で田中先生が提示した基本のルールは，キャッチしてもはじいてもかまわないこと，つまり，スパイクでもスローでもかまわないという「キャッチ＆スロー」と，「３回で打ち返すこと」「相手の攻撃はノーバウンドですが，チーム内のボールトスの際はワンバウンドでもOKということ」の３点でした。このルールのもとに始めました。子どもたちはこのルールを変更していき，より面白い自分たちのゲームを創っていきました。役割を決めてローテーション制を導入するグループ，ローテーションを導入しないグループ，攻撃はスローなしでスパイクだけにするグループ，キャッチの回数を制限するグループなど，またキャッチして動きが止まるゲームに対して，キャッチしたら２秒

後に誰かにパスをしなくてはいけないというルールを決めるグループなどがありました。

交換・共有・創出されていく「私たち」のゲーム

　単元の後半のチーム間ゲームでは前半，後半でお互いのマイグループルールを交換してゲームを行いました。「ぼくらのグループでは○○なルールです」と相手に伝えてゲームを行います。「へー，このルールだと面白いね」「このルールは難しいよ」などの声が聞かれることで自分たちのこだわりが感じられました。このこだわりは，まさにソフトバレーボールの競争の面白さに触れ，自分たちで面白いゲームを創り上げることの学習が拓かれていることの表れだといえるでしょう。ルールの交換・共有により，さまざまなルールによるソフトバレーボールの競い合いの面白さに触れ，自分たちのこだわりや相手のグループのこだわりを共有しながら，自分たちの面白いソフトバレーボールの動きを創出していきました。

　さて，このルールについて面白いと思ったことは，ワンバウンドOKというルールがすべてのグループのルールから消えたことでした。このワンバウンドOKというルールは，ラリーを続けるか中断させるかという，落とす落とさないゲームの面白さをもつソフトバレーボールのルールとしては，子どもたちに面白さを提供しないルールではないかということです。例えばキャッチなどは，回数を制限してはじくことを取り入れているグループはありますが，すべてはじくだけのルールをつくったのは1グループだけです。一見すると，キャッチもワンバウンドもレシーブを簡単にするルールの工夫のように見えますが，ソフトバレーボールのゲームの競い合いの面白さ，構造からすると，ワンバウンドOKは質の違うルールのようでした。

　ここまで，振り返ってきた子どもたちの学習ですが，それを最後にまとめたいと思います。ここで重要なことは，まず自分たちがやっているゲームは何が面白いのかということを学習することです。レシーブの練習をすること，スパイクの練習をすることなどの技術の獲得は，あくまで競い合いの面白さやゲー

ム構造による何をめぐる攻防なのかというゲームの目的に対する手段であるということです。この目的が学ばれることで，子どもたちは自分たちで技術の獲得を必要とし，技能の向上を目ざしていくことにつながっていきました。またこの競い合いの面白さやゲーム構造の意味を知ることで，より面白くしたい！というルールの工夫や，より攻防に勝ちたい！ という作戦の工夫が生まれてきたのです。まさにこのことが自分の思いや願いをもち，「私の運動」という世界を創出していくことになったのです。これこそがまさにこの実践を通して子どもが"学習したこと"にほかならないでしょう。 　　　　　　（松本大輔）

索　引

[あ行]

アクティビティ　16, 57, 66, 67, 69, 70, 73, 74, 90, 92

アセスメント　22, 86, 87, 88

意思決定　37, 82, 90, 92, 93

インベージョン（侵入）ゲーム　5

迂回　41, 42

内側　41

越境相　72, 75, 76, 78

エバリュエーション　21, 22, 83, 84, 86, 87, 88

[か行]

学習指導要領　2, 6, 11, 14, 40, 55, 62, 68

学習内容　4, 15, 21, 25, 80, 81, 82, 88

学習評価　21, 22, 81, 88, 89

簡易化されたゲーム　40, 47, 50

間接的競争　8

技能テスト　21

教材　4, 7, 38, 56, 120, 129

教師行動　23, 24, 25

競争課題　23, 29, 36, 38, 56, 58, 61, 63, 69, 75, 76, 118

競争の未確定性　29, 92

競争方法　40, 56

競争目的　40, 43, 48, 56, 57, 69, 70, 75, 76, 88, 92

空間　46, 47, 50, 85, 106

ゲーム構造　38, 43, 70, 75, 82, 85, 88, 90, 135, 137

ゲームパフォーマンス　3, 14, 55, 90, 91, 92

攻撃過程　62

ゴール型　2, 4, 40, 49, 55, 62, 68

ゴール型ゲーム　4, 8, 11, 52, 99, 117, 120

混在相　72, 73, 75, 76

[さ行]

最大防御境界面　58, 61, 72, 73, 74, 92

サッカー　46, 58, 77, 102

三段攻撃　34

種目主義　53, 54, 56, 67

情況判断　22, 37

進塁　5, 17, 37, 63, 66, 71, 76, 110

スペース　80, 85, 95, 129, 131, 135

成否の未確定性　58, 59, 64, 65

戦術　14, 30, 37, 56, 88, 93

戦術アプローチ　3, 14, 16, 112, 116

戦術的気づき　3, 14, 25, 94

戦術理解　5, 36, 89

相互隠蔽原理　71, 72

ソフトボール　38, 58, 75, 107

ゾーン　42

[た行]

対決情況　31, 71, 72, 73, 75, 76, 78, 88, 92, 118

138

ターゲット型　7, 14
直接的競争　8
展開構成　38, 68
ドッジボール　29, 31, 32
突破　9, 11, 13, 16, 17, 37, 63, 71, 72, 76, 78, 85, 93, 120, 122, 123, 133

[な行]

内容構成　38
ネット型　2, 5, 55, 68
ネット型ゲーム　4, 128

[は行]

バスケットボール　41, 57, 77, 80, 94, 98, 102
パスレーン　42, 47
発達段階　36, 38
発展様相　25, 76, 77, 92
評価規準　25, 95
フットサル　23
分離相　72, 74, 75, 76, 77, 78
ベースボール型　2, 5, 55, 63, 68, 108
ベースボール型ゲーム　2, 4, 36, 37, 38, 55, 107, 108, 112, 116
防御境界面　60, 61, 62, 73, 74, 92
ボール操作　2, 34, 40, 47, 59, 60
ボールを操作する技能（On-the ball skill）　3, 21, 55, 59, 84, 90
ボールを持たない動き（Off-the ball movement）　3, 14, 40, 41, 46, 55, 84, 90

[ま行]

的あて（入れ）　7, 8, 11, 12, 17, 31, 61, 62, 71, 76
マンツーマン　42

[や行]

野球　36, 38, 58, 75, 107
役割　27, 37, 49, 50, 52, 77, 100, 102, 103, 104, 123, 124, 133, 135

[ら行]

ラリー　5, 33, 65, 77, 129, 131, 133, 134

[A〜Z]

deny　50
GCAI　93, 94
GPAI　90, 91, 93
Invasion games　50
TGfU (Teaching Games for Understanding)　14, 50, 82, 88, 90

139

あとがき

　本書の巻末に執筆者の紹介が入っています。ご覧いただければわかりますように，私たちの勤務地は大変離れています。鈴木理も最近まで，宮崎で勤務しておりましたので，一同に会して集まることが非常に困難な状況を抱えていました。そんな私たちが，今こうやって自分たちの足跡を書籍として出版できたのは，インターネットの普及に支えられてきたのかもしれません。

　6年前に私たちは，鈴木理がバレーボール，土田了輔がバスケットボール，廣瀬勝弘がラグビー，鈴木直樹が野球とアメリカンフットボールを競技者として経験してきたということから，ボール運動・球技を共通項とし，教員養成にかかわる学校体育の授業づくりを考える同志としてインターネット上で集いました（鈴木理，土田了輔，廣瀬勝弘は大学の同級生）。そして，同様の問題意識をもつ4名が，メールを介して熱く議論をスタートさせたのです（松本大輔はその後，加わります）。そのペースはものすごく速く，ちょっとパソコンを開かないでいると立ち遅れて話の内容をつかむのが容易ではないほどでした。そして，「ゲーム構造論」についての議論をスタートさせてから，一度も顔を合わせることなく，論文を書き上げ，それを学会誌に掲載させることもできました。今考えてみてもすごい勢いだったと思います。しかし，それぐらい，体育のボール運動・球技の授業づくりの改善に対して熱い思いをそれぞれがもっていたのだと思います（もちろん今ももっていますが…）。その後，年に1回，夏にはラウンドテーブルディスカッションを行い，定例の研究会を行っています。それ以外にも，時折，顔を突き合わせて議論することも増えてきました。最近では，私たちが参考にしてきた理論を提唱してきた米国において3年連続で，本書で紹介した「ゲーム構造論」にかかわる授業づくりの手がかりとなる研究発表も行うなど，活動はより幅広いものとなってきました。その一つとして今回，私たちの中間まとめをこのように書籍としてまとめさせていただきました。私たちのグループは，リーダーが存在するわけではなく，何でも自由に議論し合える同僚性の高い集団です。すなわち，互いを認め合いつつ，対話し

ながら，知恵を出し合い，共通の関心事の解決に取り組んでいます。

　そんな私たちが，この本の作成を決めたのが，平成19年の春です。この書籍を作成するにあたり，マニュアル本ではなく，先生方の体育教師としての専門性を高め，よりよいボール運動・球技の授業づくりができる手がかりを提示できることをコンセプトとしてまいりました。そのため，単なる方法論ではなく，考え方を共有するための書き方の工夫に多くの時間を割き，作成をスタートさせてから3年も経っての出版となってしまいました。その間に，学習指導要領の改訂が行われましたが，まさにこの改訂に基づく未来のボール運動・球技を考える最良の書となったと自負しております。

　この本を読み終えた後，ボール運動・球技のイメージ像がなんとなく変化し，子どもに学んでほしいことが，運動と子どもとの関係の中で捉えることのできるような力を感じることができれば，最高です。何度も何度も繰り返し読んで，理解を深めていただくことを期待しています。

　なお，本書では，授業実践者の目線からの作成を行うために，Q&Aの質問を考える段階から校正まで多くの現職の先生方にご協力をいただきました。以下の先生方の協力によって，実践者が実践のために，実践を通して実践力を高めることのできる知恵を共有できる構成と情報を提供できる書籍になったと思います。この場を借りてお礼を申し上げるとともに，深く感謝申し上げます。

〈校正等協力者の先生方〉
　阿部敏也（新潟県内小学校：上越教育大学大学院保健体育コース）
　新井慎一（新潟県内小学校：上越教育大学大学院保健体育コース）
　亀山　亨（新潟県内小学校：上越教育大学大学院保健体育コース）
　北野孝一（石川県内小学校：上越教育大学大学院保健体育コース）
　田中勝行（埼玉県さいたま市立大宮東小学校）
　大塚雅之（埼玉県さいたま市立城北小学校）
　成家篤史（お茶の水女子大学附属小学校）
　今村望太郎（埼玉県行田市立埼玉小学校）

寺坂民明（埼玉県飯能市立富士見小学校）
佐久間望美（千葉県立君津高等学校）
宮田菜美子（東京都品川区立第二日野小学校）
伊佐野龍司（東京都立美原高等学校）
常山隆治（鹿児島大学教育学部附属小学校）
福元健一郎（鹿児島大学教育学部附属小学校）
當房省吾（鹿児島大学教育学部附属小学校）

最後になりますが，本書がこのように，日の目を見ることができましたのも，私たちのゆっくりとしたペースに寄り添い，温かい言葉をかけてくださった教育出版の阪口さんのお陰と深く感謝しております。この場を借りてお礼と出版の遅れをお詫びさせていただきたいと思います。ありがとうございました。

平成22年4月

著者代表　鈴木直樹

執筆担当

第1部　ボール運動・球技　Q&A
　鈴木直樹　Q9/Q10/Q13/Q15
　鈴木　理　Q1/Q2/Q3/Q14
　土田了輔　Q4/Q8/Q11/Q12
　廣瀬勝弘　Q5/Q6/Q7

第2部　授業づくり論
　第1章　土田了輔
　第2章　鈴木　理
　第3章　廣瀬勝弘
　第4章　鈴木直樹

第3部　授業実践事例
　土田了輔　実践事例①②
　松本大輔　実践事例③④

```
コラム執筆
  鈴木直樹　3，6
  鈴木　理　7，12，13
  土田了輔　8，10
  廣瀬勝弘　2，9
  松本大輔　1，4，5，11
```

執筆者

鈴木直樹	東京学芸大学教育学部准教授	博士（教育学）	体育科教育学
鈴木　理	日本大学文理学部教授	博士（教育学）	体育科教育学
土田了輔	上越教育大学学校教育学部准教授	博士（教育学）	運動方法学（バスケットボール）
廣瀬勝弘	鹿児島大学教育学部准教授		体育科教育学
松本大輔	埼玉大学非常勤講師		体育科教育学

だれもがプレイの楽しさを味わうことのできる
ボール運動・球技の授業づくり

2010年5月21日　初版第1刷発行
2017年2月1日　初版第3刷発行

|著　者|鈴木直樹　鈴木　理　土田了輔
廣瀬勝弘　松本大輔|

発行者　山﨑富士雄
発行所　教育出版株式会社

〒101-0051　東京都千代田区神田神保町2-10
電話（03）3238-6965　　振替 00190-1-107340

©N. Suzuki 2010
Printed in Japan
落丁・乱丁はお取替えいたします

組版　さくら工芸社
印刷　藤原印刷
製本　上島製本

ISBN978-4-316-80232-9　C3037